그림을 보고 듣고 읽고 쓰면 저절로 외워지는

초등 필수

교육부 권장 초등 필수 단어

영단어 5.6 학년

교육부 권장 초등 필수 단어를
충실하게 반영

그림을 보고 듣고
읽고 쓰면
저절로 외워지는

초등 필수

교육부 권장 초등 필수 단어

영단어 5.6 학년

예스북

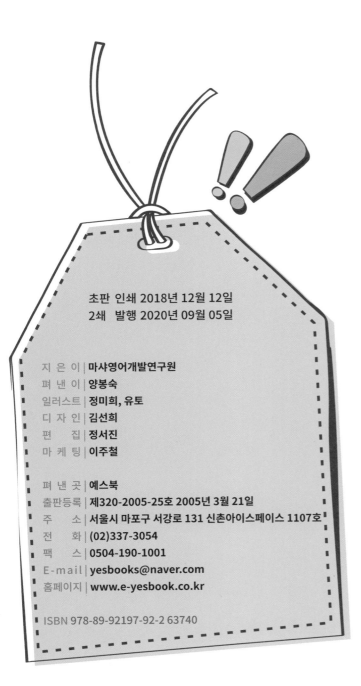

초판 인쇄 2018년 12월 12일
2쇄 발행 2020년 09월 05일

지 은 이 | **마샤영어개발연구원**
펴 낸 이 | **양봉숙**
일러스트 | **정미희, 유토**
디 자 인 | **김선희**
편   집 | **정서진**
마 케 팅 | **이주철**

펴 낸 곳 | **예스북**
출판등록 | **제320-2005-25호 2005년 3월 21일**
주   소 | **서울시 마포구 서강로 131 신촌아이스페이스 1107호**
전   화 | **(02)337-3054**
팩   스 | **0504-190-1001**
E-mail | **yesbooks@naver.com**
홈페이지 | **www.e-yesbook.co.kr**

ISBN 978-89-92197-92-2 63740

목 차

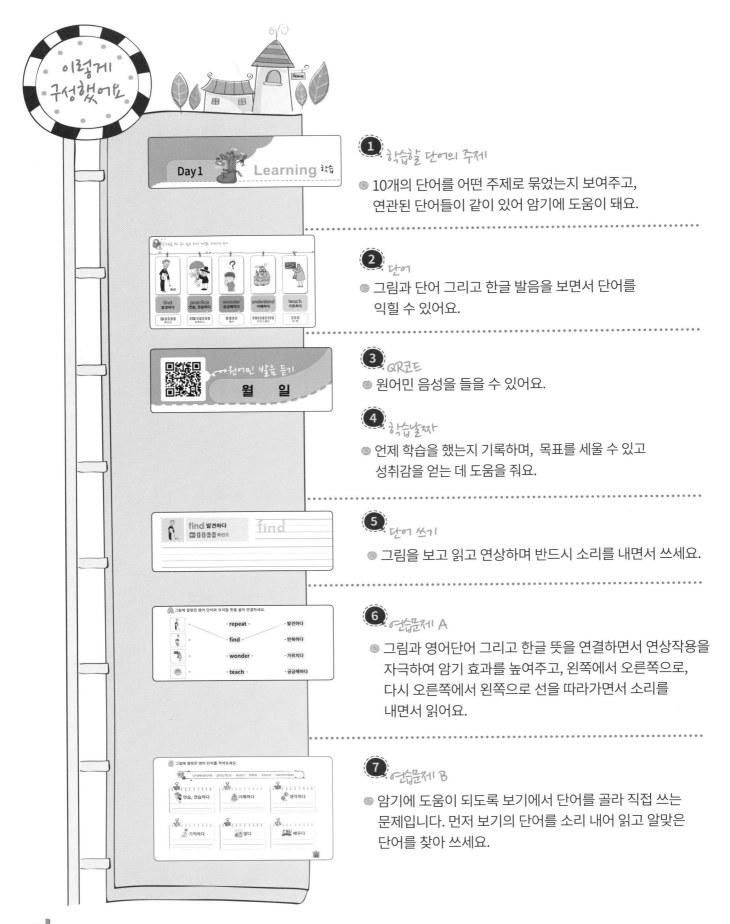

이렇게 구성했어요

1 학습할 단어의 주제
◎ 10개의 단어를 어떤 주제로 묶었는지 보여주고,
연관된 단어들이 같이 있어 암기에 도움이 돼요.

2 단어
◎ 그림과 단어 그리고 한글 발음을 보면서 단어를
익힐 수 있어요.

3 QR코드
◎ 원어민 음성을 들을 수 있어요.

4 학습날짜
◎ 언제 학습을 했는지 기록하며, 목표를 세울 수 있고
성취감을 얻는 데 도움을 줘요.

5 단어 쓰기
◎ 그림을 보고 읽고 연상하며 반드시 소리를 내면서 쓰세요.

6 연습문제 A
◎ 그림과 영어단어 그리고 한글 뜻을 연결하면서 연상작용을
자극하여 암기 효과를 높여주고, 왼쪽에서 오른쪽으로,
다시 오른쪽에서 왼쪽으로 선을 따라가면서 소리를
내면서 읽어요.

7 연습문제 B
◎ 암기에 도움이 되도록 보기에서 단어를 골라 직접 쓰는
문제입니다. 먼저 보기의 단어를 소리 내어 읽고 알맞은
단어를 찾아 쓰세요.

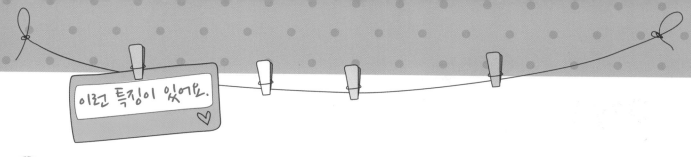

1 교육부 권장 초등 필수 단어를 충실하게 반영

◎ 교육부 권장 초등 필수 단어 850개를 충실하게 반영하여 초등학생이 익혀야 할 단어를 선정했어요.
◎ 서로 연관된 단어들끼리 묶어서 외우기 쉽게 배려했어요.

2 학습 효과를 최대로 높여주는 방식 도입

◎ 그림과 소리를 같이 활용하여 효율적인 단어 암기가 가능해요.
◎ 발음을 익히기 쉽게 한글로 표시했어요.
◎ 영어 단어의 발음을 쉽게 알 수 있도록 한글로 나누어 표기했어요.

3 효율적인 매일 학습이 가능

◎ 매일 10개씩 연관된 단어들을 암기할 수 있도록 구성했어요.
◎ QR코드를 통해 원어민 음성을 들으면서 학습이 가능하도록 했어요.
◎ 외운 것을 연습문제를 통하여 다시 한번 확인하도록 했어요.

우리말에 없는 소리는 어떻게 발음해요? ♥

◎ 원어민 소리에 가장 가까운 발음을 한글로 표시했으며,
　우리말에 없는 발음에는 'ㅍㅇ', 'ㄹㅇ', 'ㅂㅇ', 'ㅆㅇ', 'ㄷㅇ'로 표시했어요.

자음

Bb[ㅂ] Cc[ㅋ] Dd[ㄷ] Ff[ㅍㅇ] Gg[ㄱ] Hh[ㅎ] Jj[ㅈ] Kk[ㅋ] Ll[ㄹ]

Mm[ㅁ] Nn[ㄴ] Pp[ㅍ] Qq[ㅋ] Rr[ㄹㅇ] Ss[ㅅ, ㅆ] Tt[ㅌ] Vv[ㅂㅇ]

Ww[ㅝ] Xx[ㅋ, ㅆ] Yy[ㅣ] Zz[ㅈ] th[ㄷㅇ, ㅆㅇ] ch[취]

모음

Aa[ㅏ, ㅐ, ㅔㅣ] Ee[ㅔ, ㅣ] Ii[ㅣ, ㅏㅣ] Oo[ㅗ, ㅏ] Uu[ㅜ, ㅠ, ㅓ]

Learning 학습

 그림을 보고 듣고 읽고 쓰면 저절로 외워지는 단어

find
발견하다

파인드

practice
연습, 연습하다

프랙티스

wonder
궁금해하다

원더

understand
이해하다

언더스탠드

teach
가르치다

티-취

think
생각하다

씽크

remember
기억하다

뤼멤버

repeat
반복하다

뤼피-트

know
알다

노우

learn
배우다

러-ㄴ

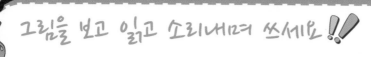
그림을 보고 읽고 소리내며 쓰세요!!

find 발견하다
ㅍㅇㅏㅣㄴㄷ 퐈인드

find

practice 연습, 연습하다
ㅍㄹㅇㅐㅂㅋㅌㅣㅅ 프랙티스

practice

wonder 궁금해하다
ㅝㄴㄷㅓ 원더

wonder

understand 이해하다
ㅓㄴㄷㅓㅅㅌㅐㄴㄷ 언더스땐드

understand

teach 가르치다
ㅌㅣ취 티-취

teach

think 생각하다
ㅆㅇ+ㅣ+ㅇ+ㅋ 씽크

think

remember 기억하다
ㄹㅇ+ㅣ+ㅁㅣ+ㅁ+ㅂㅓ 뤼멤버

remember

repeat 반복하다
ㄹㅇ+ㅣ+ㅍ+ㅣ+ㅌ 뤼피-트

repeat

know 알다
ㄴ+ㅗ+ㅜ 노우

know

learn 배우다
ㄹ+ㅓ+ㄹㅇ+ㄴ 러-ㄴ

learn

연습문제

A 그림에 알맞은 영어 단어와 우리말 뜻을 골라 연결하세요.

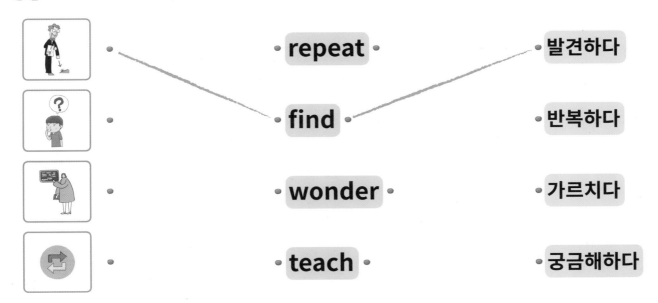

repeat · 발견하다
find · 반복하다
wonder · 가르치다
teach · 궁금해하다

B 그림에 알맞은 영어 단어를 적어보세요.

보기 understand · practice · learn · think · know · remember

연습, 연습하다

이해하다

생각하다

기억하다

알다

배우다

Day 2  Mind 마음

 그림을 보고 듣고 읽고 쓰면 저절로 외워지는 단어

forget
잊다

ㅍㅓㄹㅇㄱㅔㅌ
풔겔

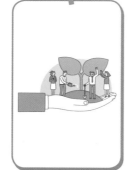

hope
희망하다, 희망

ㅎㅗㅜㅍ
호우프

hurt
다치게 하다

ㅎㅓㄹㅇㅌ
허-트

like
좋아하다

ㄹㅏㅣㅋ
라이크

love
사랑하다, 사랑

ㄹㅓㅂㅇ
러브

excuse
(실수를)봐주다

ㅣㅋㅅㅋㅍㅈ
익스큐-즈

surprise
놀라게 하다,
놀람

ㅅㅓㄹㅇㅍㄹㅇㅓㅣㅈ
써프라이즈

pardon
사면하다,
용서하다

ㅍㅏㄹㅇㄷㄴ
파-든

please
부디, 제발

ㅍㄹㄹㅣㅈ
플리-즈

want
원하다

ㅝㄴㅌ
워-ㄴ트

그림을 보고 읽고 소리내며 쓰세요 !!

forget 잊다
ㅍ+ㅓ+ㄹ+ㄱ+ㅔ+ㅌ 풔겥

forget

hope 희망하다, 희망
ㅎ+ㅗ+ㅜ+ㅍ 호우프

hope

hurt 다치게 하다
ㅎ+ㅓ+ㄹ+ㅌ 허-트

hurt

like 좋아하다
ㄹ+ㅏ+ㅣ+ㅋ 라이크

like

love 사랑하다, 사랑
ㄹ+ㅓ+ㅂ 러브

love

그림을 보고 읽고 소리내며 쓰세요 !!

excuse (실수를)봐주다 ㅣ·ㅋ·ㅅ·ㅋ·ㅠ·ㅈ 익스큐-즈	excuse

surprise 놀라게 하다, 놀람 ㅅ·ㅓ·ㄹ·ㅍ·ㄹ·ㅏ·ㅣ·ㅈ 써프롸이즈	surprise

pardon 사면하다, 용서하다 ㅍ·ㅏ·ㄹ·ㅇ·ㄷ·ㄴ 파-든	pardon

please 부디, 제발 ㅍ·ㄹ·ㄹ·ㅣ·ㅈ 플리-즈	please

want 원하다 ㅓ·ㄴ·ㅌ 워-ㄴ트	want

연습문제

A 그림에 알맞은 영어 단어와 우리말 뜻을 골라 연결하세요.

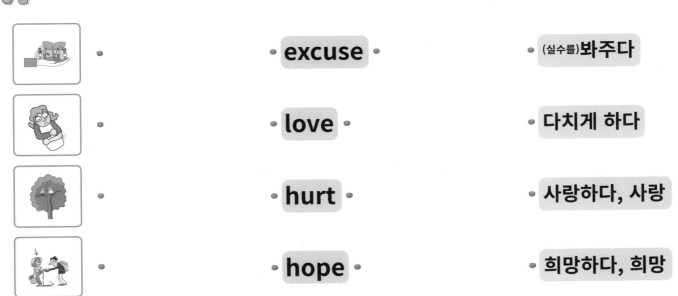

excuse · · (실수를)**봐주다**

love · · 다치게 하다

hurt · · 사랑하다, 사랑

hope · · 희망하다, 희망

B 그림에 알맞은 영어 단어를 적어보세요.

보기 surprise · forget · pardon · like · want · please

잊다

좋아하다

놀라게 하다, 놀람

사면하다, 용서하다

부디, 제발

원하다

Day 3  Daily life 일상

 그림을 보고 듣고 읽고 쓰면 저절로 외워지는 단어

follow
따르다

ㅍㅏㄹㄹㅗㅜ
퐈-올로우

help
돕다

ㅎㅔㄹㅍ
헬프

shut
닫다

ㅟㅓㅌ
셧

sleep
잠을 자다

ㅅㄹㄹㅣㅍ
슬리-프

smoke
담배 피우다

ㅅㅁㅗㅅㅜㅋ
스모우크

show
보여주다

ㅟㅗㅜ
쇼우

sing
노래하다

ㅅㅣㅇ
씽

wait
기다리다

ㅜㅔㅣㅌ
웨이트

watch
지켜보다

ㅜㅏ취
와-취

wear
옷을 입다

ㅜㅔㅓ
웨어

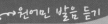

그림을 보고 읽고 소리내며 쓰세요!!

follow 따르다
ㅍㅏ·ㅏ·ㄹ·ㄹ·ㅗ·ㅜ 퐈-을로우

follow

help 돕다
ㅎ·ㅔ·ㄹ·ㅍ 헬프

help

shut 닫다
쉬·ㅓ·ㅌ 셔t

shut

sleep 잠을 자다
ㅅ·ㄹ·ㄹ·ㅣ·ㅍ 슬리-프

sleep

smoke 담배 피우다
ㅅ·ㅁ·ㅗ·ㅜ·ㅋ 스모우크

smoke

그림을 보고 읽고 소리내며 쓰세요!

show 보여주다
쉬·ㅗ·ㅜ 쇼우

show

sing 노래하다
ㅅ·ㅣ·ㅇ 씽

sing

wait 기다리다
ㅜ·ㅔ·ㅣ·ㅌ 웨이트

wait

watch 지켜보다
ㅜ·ㅏ·취 와-취

watch

wear 옷을 입다
ㅜ·ㅔ·ㅓ 웨어

wear

A 그림에 알맞은 영어 단어와 우리말 뜻을 골라 연결하세요.

	· **sing** ·		· 옷을 입다
	· **wear** ·		· 따르다
	· **follow** ·		· 잠을 자다
	· **sleep** ·		· 노래하다

B 그림에 알맞은 영어 단어를 적어보세요.

보기   smoke · help · shut · watch · wait · show

돕다

닫다

담배 피우다

보여주다

기다리다

지켜보다

Day 4  Travel 여행

 그림을 보고 듣고 읽고 쓰면 저절로 외워지는 단어

travel
여행하다
ㅌ·ㄹ·ㅐ·ㅂ·ㅓ·ㄹ
트뢔블

camp
야영하다
ㅋ·ㅐ·ㅁ·ㅍ
캠프

camera
카메라
ㅋ·ㅐ·ㅁ·ㅓ·ㄹ·ㅓ
캐머뤄

country
국가, 나라
ㅋ·ㅓ·ㄴ·ㅌ·ㄹ·ㅣ
컨트뤼

beautiful
아름다운
ㅂ·ㅠ·ㅌ·ㅣ·ㅍ·ㅓ·ㄹ
뷰-티플

guitar
기타
ㄱ·ㅣ·ㅌ·ㅏ·ㄹ·ㅇ
기타-

hiking
하이킹
ㅎ·ㅏ·ㅇ·ㅣ·ㅋ·ㅣ·ㅇ
하이킹

holiday
휴일
ㅎ·ㅏ·ㄹ·ㄹ·ㅣ·ㄷ·ㅔ·ㅣ
하-올리데이

hotel
호텔
ㅎ·ㅗ·ㅜ·ㅌ·ㅔ·ㄹ
호우텔

island
섬
ㅇ·ㅏ·ㅇ·ㄹ·ㄹ·ㅐ·ㄴ·ㄷ
아일랜드

그림을 보고 읽고 소리내며 쓰세요 ‼

travel 여행하다
ㅌ·ㄹㅇ·ㅐ·ㅂㅇ·ㄹ 트래블

travel

camp 야영하다
ㅋ·ㅐ·ㅁ·ㅍ 캠프

camp

camera 카메라
ㅋ·ㅐ·ㅁ·ㅓ·ㄹㅇ·ㅓ 캐머뤄

camera

country 국가, 나라
ㅋ·ㅓ·ㄴ·ㅌ·ㄹㅇ·ㅣ 컨트뤼

country

beautiful 아름다운
ㅂ·ㅠ·ㅌ·ㅣ·ㅍㅇ·ㄹ 뷰-티플

beautiful

그림을 보고 읽고 소리내며 쓰세요!!

guitar 기타
ㄱ·ㅣ·ㅌ·ㅏ·ㄹ 기타-

guitar

hiking 하이킹
ㅎ·ㅏ·ㅣ·ㅋ·ㅣ·ㅇ 하이킹

hiking

holiday 휴일
ㅎ·ㅏ·ㄹ·ㄹ·ㅣ·ㄷ·ㅔ·ㅣ 하-올리데이

holiday

hotel 호텔
ㅎ·ㅗ·ㅜ·ㅌ·ㅔ·ㄹ 호우텔

hotel

island 섬
ㅏ·ㅣ·ㄹ·ㄹ·ㅐ·ㄴ·ㄷ 아일랜드

island

연습문제

A 그림에 알맞은 영어 단어와 우리말 뜻을 골라 연결하세요.

 ·

 ·

 ·

 ·

· hotel ·

· camp ·

· travel ·

· island ·

· 섬

· 야영하다

· 호텔

· 여행하다

B 그림에 알맞은 영어 단어를 적어보세요.

보기   country · camera · beautiful · holiday · hiking · guitar

카메라

국가, 나라

아름다운

기타

하이킹

휴일

 그림을 보고 듣고 읽고 쓰면 저절로 외워지는 단어

market
시장

ㅁ·ㅏ·ㄹ·ㅋ·ㅣ·ㅌ
마-킽

shop
상점

쉬·ㅏ·ㅍ
샤-ㅍ

money
돈

ㅁ·ㅓ·ㄴ·ㅣ
머니

spend
소비하다

ㅅ·ㅍ·ㅔ·ㄴ·ㄷ
스펜드

store
가게

ㅅ·ㅌ·ㅗ·ㄹ
스토-

supermarket
슈퍼마켓

ㅅ·ㅜ·ㅍ·ㅓ·ㅁ·ㅏ·ㄹ·ㅋ·ㅔ·ㅌ
수-퍼마-켙

stair
계단

ㅅ·ㅌ·ㅔ·ㄹ
스테어

vegetable
야채

ㅂ·ㅔ·쥐·ㅌ·ㅓ·ㅂ·ㄹ
붸쥐터블

waste
낭비하다

ㅞ·ㅣ·ㅅ·ㅌ
웨이스트

sign
표지, 기호

ㅆ·ㅏ·ㅣ·ㄴ
싸인

그림을 보고 읽고 소리내며 쓰세요!!

market 시장
ㅁ·ㅏ·ㄹ·ㅇ·ㅋ·ㅣ·ㅌ 마-킽

market

shop 상점
쉬·ㅏ·ㅍ 샤-ㅍ

shop

money 돈
ㅁ·ㅓ·ㄴ·ㅣ 머니

money

spend 소비하다
ㅅ·ㅍ·ㅔ·ㄴ·ㄷ 스펜드

spend

store 가게
ㅅ·ㅌ·ㅗ·ㄹ·ㅇ 스토-

store

그림을 보고 읽고 소리내며 쓰세요!!

supermarket 슈퍼마켓

ㅅ+ㅜ+ㅍ+ㅓ+ㄹㅇ+ㅁ+ㅏ+ㄹㅇ+ㅋ+ㅔ+ㅌ
수-퍼마-켙

supermarket

stair 계단

ㅅ+ㅌ+ㅔ+ㄹㅇ 스테어

stair

vegetable 야채

ㅂㅇ+ㅔ+쥐+ㅌ+ㅓ+ㅂ+ㄹ 붸쥐터블

vegetable

waste 낭비하다

ㅞ+ㅣ+ㅅ+ㅌ 웨이스트

waste

sign 표지, 기호

ㅆ+ㅏ+ㅣ+ㄴ 싸인

sign

연습문제

A 그림에 알맞은 영어 단어와 우리말 뜻을 골라 연결하세요.

 ·   · **sign** ·   · 계단

 ·   · **stair** ·   · 야채

 ·   · **vegetable** ·   · 표지, 기호

 ·   · **supermarket** ·   · 슈퍼마켓

B 그림에 알맞은 영어 단어를 적어보세요.

보기   store · market · money · shop · spend · waste

시장

상점

돈

소비하다

가게

낭비하다

Day 6  Study 공부

 그림을 보고 듣고 읽고 쓰면 저절로 외워지는 단어

letter
편지, 글자

ㄹ·ㅔ·ㅌ·ㅓ
레터

copy
복사, 복사하다

ㅋ·ㅏ·ㅍ·ㅣ
카-피

dictionary
사전

ㄷ·ㅣ·ㅋ·ㅉ·ㅣ·ㄴ·ㄹ·ㅟ
딕셔네뤼

print
인쇄하다

ㅍ·ㄹ·ㅣ·ㄴ·ㅌ
프륀트

idea
생각

ㅇ·ㅏ·ㅇ·ㄷ·ㅣ·ㅇ·ㅓ
아이디-어

interest
관심, 흥미

ㅣ·ㄴ·ㅌ·ㄹ·ㅇ·ㅔ·ㅅ·ㅌ
인트뤠스트

list
표, 목록

ㄹ·ㅣ·ㅅ·ㅌ
리스트

question
질문, 의문

ㅋ·ㅞ·ㅅ·ㅊ·ㅣ·ㄴ
퀘스췬

spell
철자를 쓰다

ㅅ·ㅍ·ㅔ·ㄹ
스펠

word
단어

ㅈ·ㅓ·ㄹ·ㅇ·ㄷ
워-드

그림을 보고 읽고 소리내며 쓰세요!!

letter 편지, 글자
ㄹ·ㅔ·ㅌ·ㅓ 레터

letter

copy 복사, 복사하다
ㅋ·ㅏ·ㅍ·ㅣ 카-피

copy

dictionary 사전
ㄷ·ㅣ·ㅋ·쉬·ㅓ·ㄴ·ㅔ·ㄹ·ㅓ·ㅣ
딕셔네뤼

dictionary

print 인쇄하다
ㅍ·ㄹ·ㅓ·ㅣ·ㄴ·ㅌ 프륀트

print

idea 생각
ㅏ·ㅣ·ㄷ·ㅓ 아이디-어

idea

그림을 보고 읽고 소리내며 쓰세요 !!

interest 관심, 흥미
ㅣ·ㄴ·ㅌ·ㄹ·ㅇ·ㅔ·ㅅ·ㅌ 인트뤠스트

interest

list 표, 목록
ㄹ·ㅣ·ㅅ·ㅌ 리스트

list

question 질문, 의문
ㅋ·ㅞ·ㅅ·취·ㅣ·ㄴ 퀘스쳔

question

spell 철자를 쓰다
ㅅ·ㅍ·ㅔ·ㄹ 스펠

spell

word 단어
ㅝ·ㄹ·ㅇ·ㄷ 워-드

word

연습문제

A 그림에 알맞은 영어 단어와 우리말 뜻을 골라 연결하세요.

 ·

· **list** ·   · 편지, 글자

 ·

· **letter** ·   · 표, 목록

 ·

· **spell** ·   · 질문, 의문

 ·

· **question** ·   · 철자를 쓰다

B 그림에 알맞은 영어 단어를 적어보세요.

보기   dictionary · word · copy · print · interest · idea

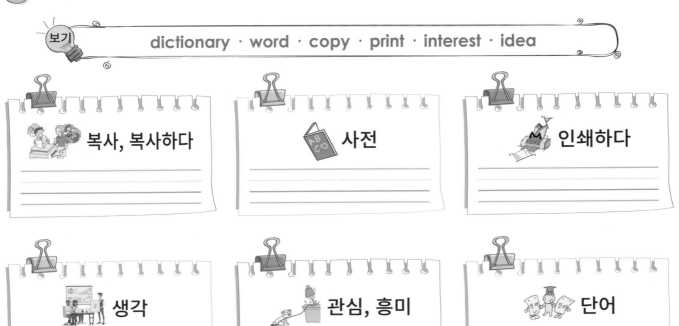

복사, 복사하다

사전

인쇄하다

생각

관심, 흥미

단어

Day 7 　　My room 내방

thing
물건

ㅆㅇ ㅣ ㅇ
씽

umbrella
우산

ㅓ ㅁ ㅂ ㄹ ㅔ ㄹ ㄹ ㅓ
엄브뤨러

case
케이스, 용기

ㅋ ㅔ ㅣ ㅅ
케이스

glove
장갑(의 한쪽)

ㄱ ㄹ ㄹ ㅓ ㅣ ㅂㅇ
글러브

knife
칼

ㄴ ㅏ ㅣ ㅍㅇ
나이프

soap
비누

ㅅ ㅗ ㅜ ㅍ
쏘우프

bag
가방

ㅂ ㅐ ㄱ
백

box
상자

ㅂ ㅏ ㅋ ㅅ
바-크스

cap
모자

ㅋ ㅐ ㅍ
캡

ribbon
리본

ㄹㅇ ㅣ ㅂ ㅓ ㄴ
뤼번

그림을 보고 읽고 소리내며 쓰세요 !

| thing 물건 | thing |
| ㅆ·ㅣ·ㅇ 씽 | |

| umbrella 우산 | umbrella |
| ㅣ·ㅁ·ㅂ·ㄹ·ㅔ·ㄹ·ㄹ·ㅓ 엄브뤨러 | |

| case 케이스, 용기 | case |
| ㅋ·ㅔ·ㅣ·ㅅ 케이스 | |

| glove 장갑(의 한쪽) | glove |
| ㄱ·ㄹ·ㄹ·ㅓ·ㅂ 글러브 | |

| knife 칼 | knife |
| ㄴ·ㅏ·ㅣ·ㅍ 나이프 | |

그림을 보고 읽고 소리내며 쓰세요!!

soap 비누
ㅅ+ㅗ+ㅜ+ㅍ 쏘우프

soap

bag 가방
ㅂ+ㅐ+ㄱ 백

bag

box 상자
ㅂ+ㅏ+ㅋ+ㅅ 바-크스

box

cap 모자
ㅋ+ㅐ+ㅍ 캡

cap

ribbon 리본
ㄹㅇ+ㅣ+ㅂ+ㅓ+ㄴ 뤼번

ribbon

34

연습문제

A 그림에 알맞은 영어 단어와 우리말 뜻을 골라 연결하세요.

- glove ·   · 우산
- ribbon ·   · 리본
- umbrella ·   · 장갑(의 한쪽)
- bag ·   · 가방

B 그림에 알맞은 영어 단어를 적어보세요.

보기　cap · knife · thing · case · box · soap

물건

케이스, 용기

칼

비누

상자

모자

Day 8   State 1 상태 1

 그림을 보고 듣고 읽고 쓰면 저절로 외워지는 단어

hungry
배고픈

ㅎ+ㅓ+ㅇ+ㄱ+ㄹ+ㅣ
헝그뤼

ill
아픈, 나쁜

ㅣ+ㄹ
일

kind
친절한

ㅋ+ㅏ+ㅣ+ㄴ+ㄷ
카인드

late
늦은

ㄹ+ㅔ+ㅣ+ㅌ
레이트

poor
가난한

ㅍ+ㅜ+ㅓ+ㄹ
푸어

rich
부유한

ㄹ+ㅓ+ㅣ+취
뤼취

sick
병든

ㅆ+ㅣ+ㅋ
씩

slow
느린

ㅅ+ㄹ+ㄹ+ㅗ+ㅜ
슬로우

sweet
달콤한

ㅅ+ㅜ+ㅣ+ㅌ
스위-트

thirsty
목마른

ㅆ+ㅓ+ㄹ+ㅇ+ㅅ+ㅌ+ㅣ
써-쓰티

36

그림을 보고 읽고 소리내며 쓰세요 !!

hungry 배고픈
ㅎ+ㅓ+ㅇ+ㄱ+ㄹ+ㅣ 헝그뤼

hungry

ill 아픈, 나쁜
ㅣ+ㄹ 일

ill

kind 친절한
ㅋ+ㅏ+ㅣ+ㄴ+ㄷ 카인드

kind

late 늦은
ㄹ+ㅔ+ㅣ+ㅌ 레이트

late

가난한
ㅍ+ㅜ+ㅓ+ㄹㅇ 푸어

poor

그림을 보고 읽고 소리내며 쓰세요 !!

rich 부유한
ㄹㅇ·ㅣ·취 뤼취

rich

sick 병든
ㅆ·ㅣ·ㅋ 씩

sick

slow 느린
ㅅ·ㄹ·ㄹ·ㅗ·ㅜ 슬로우

slow

sweet 달콤한
ㅅ·ㅟ·ㅌ 스위-트

sweet

thirsty 목마른
ㅆ·ㅓ·ㄹㅇ·ㅅ·ㅌ·ㅣ 써-쓰티

thirsty

연습문제

A 그림에 알맞은 영어 단어와 우리말 뜻을 골라 연결하세요.

- late
- slow
- hungry
- thirsty

- 배고픈
- 느린
- 늦은
- 목마른

B 그림에 알맞은 영어 단어를 적어보세요.

보기   rich · ill · poor · kind · sweet · sick

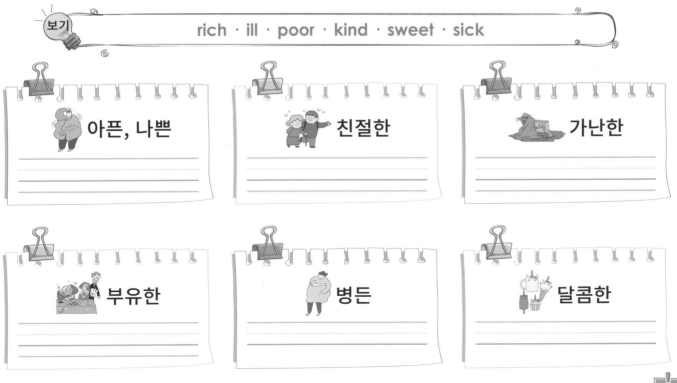

아픈, 나쁜

친절한

가난한

부유한

병든

달콤한

그림을 보고 듣고 읽고 쓰면 저절로 외워지는 단어

blank
비어 있는

ㅂ·ㄹ·ㄹ·ㅐ·ㅇ·ㅋ
블랭크

cheap
값싼

취·ㅍ
취-ㅍ

deep
깊은

ㄷ·ㅣ·ㅍ
디-ㅍ

excellent
뛰어난

ㅔ·ㅋ·ㅅ·ㅓ·ㄹ·ㄹ·ㅓ·ㄴ·ㅌ
엑설런트

fair
공평한

ㅍ·ㅔ·ㄹ·ㅓ
풰어

famous
유명한

ㅍ·ㅔ·ㅣ·ㅁ·ㅓ·ㅅ
풰이머스

free
자유로운,
무료의

ㅍ·ㄹ·ㅣ
프뤼-

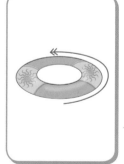

round
둥근

ㄹ·ㅏ·ㅜ·ㄴ·ㄷ
롸운드

large
큰

ㄹ·ㅏ·ㄹ·ㅓ·쉬
라-쥐

loud
시끄러운

ㄹ·ㅏ·ㅜ·ㄷ
라우드

 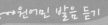   원어민 발음 듣기

월 일

그림을 보고 읽고 소리내며 쓰세요 !!

blank 비어 있는
ㅂ·ㄹ·ㅐ·ㅇ·ㅋ 블랭크

blank

cheap 값싼
취·ㅍ 취-ㅍ

cheap

deep 깊은
ㄷ·ㅣ·ㅍ 디-ㅍ

deep

excellent 뛰어난
ㅔ·ㅋ·ㅅ·ㅣ·ㄹ·ㄹ·ㅓ·ㄴ·ㅌ 엑설런트

excellent

fair 공평한
ㅍ·ㅔ·ㄹ·ㅇ 풰어

fair

famous 유명한
ㅍㅇ·ㅔ·ㅣ·ㅁ·ㅓ·ㅅ 풰이머스

famous

free 자유로운, 무료의
ㅍㅇ·ㄹㅇ·ㅣ 프뤼-

free

round 둥근
ㄹㅇ·ㅏ·ㅜ·ㄴ·ㄷ 롸운드

round

large 큰
ㄹ·ㅏ·ㄹㅇ·쥐 라-쥐

large

loud 시끄러운
ㄹ·ㅏ·ㅜ·ㄷ 라우드

loud

연습문제

A 그림에 알맞은 영어 단어와 우리말 뜻을 골라 연결하세요.

large · · 둥근

round · · 큰

deep · · 비어 있는

blank · · 깊은

B 그림에 알맞은 영어 단어를 적어보세요.

보기 excellent · cheap · free · fair · loud · famous

값싼

뛰어난

공평한

유명한

자유로운, 무료의

시끄러운

 그림을 보고 듣고 읽고 쓰면 저절로 외워지는 단어

animal
동물
ㅐ·ㄴ·ㅣ·ㅁ·ㄹ
애니믈

ground
땅바닥
ㄱ·ㄹ·ㅏ·ㅜ·ㄴ·ㄷ
그라운드

hill
언덕
ㅎ·ㅣ·ㄹ
힐

ice
얼음
ㅏ·ㅣ·ㅆ
아이쓰

jungle
밀림
쥐·ㅓ·ㅇ·ㄱ·ㄹ
쩡글

land
육지
ㄹ·ㅐ·ㄴ·ㄷ
랜드

mountain
산
ㅁ·ㅏ·ㅜ·ㄴ·ㅌ·ㄴ
마운튼

rock
바위
ㄹ·ㅇ·ㅏ·ㅋ
롸-ㅋ

stone
돌
ㅅ·ㅌ·ㅗ·ㅜ·ㄴ
스토운

wood
목재
ㅜ·ㄷ
우드

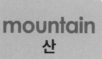

그림을 보고 읽고 소리내며 쓰세요!!

animal 동물
ㅐ·ㄴ·ㅣ·ㅁ·ㄹ 애니믈

animal

ground 땅바닥
ㄱ·ㄹ·ㅏ·ㅜ·ㄴ·ㄷ 그롸운드

ground

hill 언덕
ㅎ·ㅣ·ㄹ 힐

hill

ice 얼음
ㅏ·ㅣ·ㅆ 아이쓰

ice

jungle 밀림
쥐·ㅓ·ㅇ·ㄱ·ㄹ 쥉글

jungle

그림을 보고 읽고 소리내며 쓰세요!!

land 육지
ㄹ·ㅐ·ㄴ·ㄷ 랜드

land

mountain 산
ㅁ·ㅏ·ㅜ·ㄴ·ㅌ·ㄴ 마운튼

mountain

rock 바위
ㄹ·ㅏ·ㅋ 롸-ㅋ

rock

stone 돌
ㅅ·ㅌ·ㅗ·ㅜ·ㄴ 스토운

stone

wood 목재
ㅜ·ㄷ 우드

wood

연습문제

A 그림에 알맞은 영어 단어와 우리말 뜻을 골라 연결하세요.

stone	· 산
animal	· 동물
mountain	· 바위
rock	· 돌

B 그림에 알맞은 영어 단어를 적어보세요.

보기   ice · hill · jungle · wood · land · ground

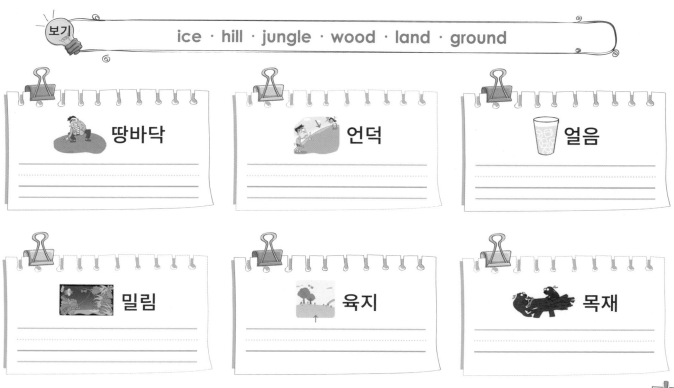

땅바닥

언덕

얼음

밀림

육지

목재

Day 11  Economy 경제

 그림을 보고 듣고 읽고 쓰면 저절로 외워지는 단어

chance
기회

ㅊ·ㅐ·ㄴ·ㅅ
챈스

dollar
달러

ㄷ·ㅏ·ㄹ·ㄹ·ㅓ
다-을러

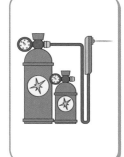

gas
가스

ㄱ·ㅐ·ㅅ
개스

gold
황금

ㄱ·ㅗ·ㅜ·ㄹ·ㄷ
고울드

matter
일, 상황

ㅁ·ㅐ·ㅌ·ㅓ
매터

need
필요로 하다

ㄴ·ㅣ·ㄷ
니-드

news
뉴스

ㄴ·ㅠ·ㅈ
뉴-즈

paper
종이, 신문

ㅍ·ㅔ·ㅣ·ㅍ·ㅓ
페이퍼

plan
계획

ㅍ·ㄹ·ㄹ·ㅐ·ㄴ
플랜

service
서비스, 도움

ㅅ·ㅓ·ㄹ·ㅇ·ㅂ·ㅣ·ㅅ
써-뷔스

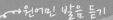

그림을 보고 읽고 소리내며 쓰세요 !!

chance 기회
ㅊ·ㅐ·ㄴ·ㅅ 챈스

chance

dollar 달러
ㄷ·ㅏ·ㄹ·ㄹ·ㅓ 다-을러

dollar

gas 가스
ㄱ·ㅐ·ㅅ 개스

gas

gold 황금
ㄱ·ㅗ·ㅜ·ㄹ·ㄷ 고울드

gold

matter 일, 상황
ㅁ·ㅐ·ㅌ·ㅓ 매터

matter

need 필요로 하다
ㄴ+ㅣ+ㄷ 니-드

need

news 뉴스
ㄴ+ㅠ+ㅈ 뉴-즈

news

paper 종이, 신문
ㅍ+ㅔ+ㅣ+ㅍ+ㅓ 페이퍼

paper

plan 계획
ㅍ+ㄹ+ㄹ+ㅐ+ㄴ 플랜

plan

service 서비스, 도움
ㅅ+ㅓ+ㄹ+ㅇ+ㅂ+ㅣ+ㅅ 써-뷔스

service

연습문제

A 그림에 알맞은 영어 단어와 우리말 뜻을 골라 연결하세요.

　·　**gold**　·　·　달러

　·　**paper**　·　·　가스

　·　**dollar**　·　·　황금

　·　**gas**　·　·　종이, 신문

B 그림에 알맞은 영어 단어를 적어보세요.

보기　need · chance · news · plan · matter · service

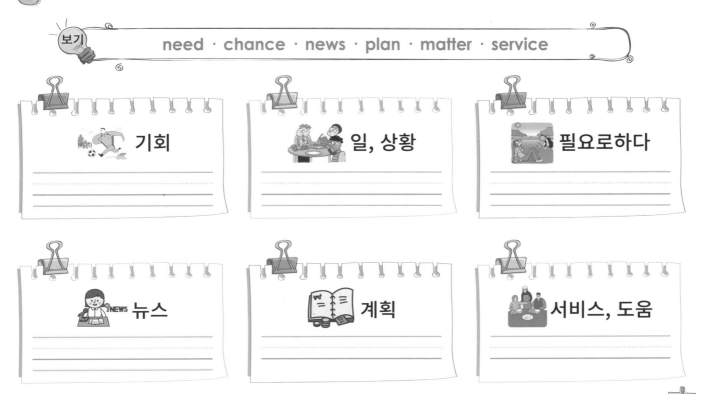

기회

일, 상황

필요로하다

뉴스

계획

서비스, 도움

Dialogue 대화

 그림을 보고 듣고 읽고 쓰면 저절로 외워지는 단어

care
조심

ㅋ·ㅔ·ㄹ·ㅇ
케어

note
메모

ㄴ·ㅗ·ㅜ·ㅌ
노우트

say
말하다

ㅅ·ㅔ·ㅣ
쎄이

smile
미소

ㅅ·ㅁ·ㅏ·ㅣ·ㄹ
스마일

shout
외치다

쉬·ㅏ·ㅜ·ㅌ
샤우트

sound
소리

ㅅ·ㅏ·ㅜ·ㄴ·ㄷ
싸운드

story
이야기

ㅅ·ㅌ·ㅗ·ㄹ·ㅇ·ㅣ
스또-뤼

tea
홍차

ㅌ·ㅣ
티-

supper
저녁식사

ㅅ·ㅓ·ㅍ·ㅓ
써퍼

together
함께, 같이

ㅌ·ㅓ·ㄱ·ㅔ·ㄷ·ㅇ·ㅓ
터게더

그림을 보고 읽고 소리내며 쓰세요 !!

care 조심
ㅋ+ㅔ+ㄹㅇ 케어

care

note 메모
ㄴ+ㅗ+ㅜ+ㅌ 노우트

note

say 말하다
ㅅ+ㅔ+ㅣ 쎄이

say

smile 미소
ㅅ+ㅁ+ㅏ+ㅣ+ㄹ 스마일

smile

shout 외치다
쉬+ㅏ+ㅜ+ㅌ 샤우트

shout

그림을 보고 읽고 소리내며 쓰세요 !!

sound 소리
ㅅ+ㅏ+ㅜ+ㄴ+ㄷ 싸운드

sound

story 이야기
ㅅ+ㅌ+ㅗ+ㄹ+ㅣ 스또-뤼

story

tea 홍차
ㅌ+ㅣ 티-

tea

supper 저녁식사
ㅅ+ㅓ+ㅍ+ㅓ 써퍼

supper

together 함께, 같이
ㅌ+ㅓ+ㄱ+ㅔ+ㄷ+ㅓ 터게더

together

A 그림에 알맞은 영어 단어와 우리말 뜻을 골라 연결하세요.

supper · · 메모

memo · · 저녁식사

say · · 조심

care · · 말하다

B 그림에 알맞은 영어 단어를 적어보세요.

보기   sound · smile · shout · together · story · tea

미소

외치다

소리

이야기

홍차

함께, 같이

Day 13　　Restaurant 식당

 그림을 보고 듣고 읽고 쓰면 저절로 외워지는 단어

bowl
그릇

ㅂㅗㅜㄹ
보울

button
(벨, 옷 등의)단추

ㅂㅓㅌㄴ
버튼

chef
요리사(주방장)

쉐ㅔㅍ
쉐프

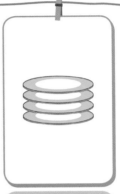

dish
접시

ㄷㅣ쉬
디쉬

food
음식

ㅍㅜㄷ
푸-드

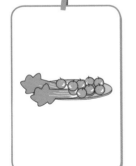

fresh
신선한

ㅍㄹㅐ쉬
프뤠쉬

fruit
과일

ㅍㄹㅜㅌ
프루-트

glass
유리, 잔

ㄱㄹㄹㅐㅅ
글래스

menu
메뉴

ㅁㅔㄴㅠ
메뉴-

seat
자리

ㅅㅣㅌ
씨-트

56

그림을 보고 읽고 소리내며 쓰세요 !!

bowl 그릇
ㅂ・ㅗ・ㅜ・ㄹ 보울

bowl

button (벨, 옷 등의)단추
ㅂ・ㅓ・ㅌ・ㄴ 버튼

button

chef 요리사(주방장)
쉬・ㅔ・ㅍ 쉐프

chef

dish 접시
ㄷ・ㅣ・쉬 디쉬

dish

food 음식
ㅍ・ㅜ・ㄷ 푸-드

food

그림을 보고 읽고 소리내며 쓰세요 !!

fresh 신선한
ㅍㅇ·ㄹㅇ·ㅔ·쉬 프뤠쉬

fresh

fruit 과일
ㅍㅇ·ㄹㅇ·ㅜ·ㅌ 프루-트

fruit

glass 유리, 잔
ㄱ·ㄹ·ㄹ·ㅐ·ㅅ 글래스

glass

menu 메뉴
ㅁ·ㅔ·ㄴ·ㅠ 메뉴-

menu

seat 자리
ㅅ·ㅣ·ㅌ 씨-트

seat

연습문제

A 그림에 알맞은 영어 단어와 우리말 뜻을 골라 연결하세요.

· dish ·   · (벨, 옷 등의)**단추**

· seat ·   · 그릇

· bowl ·   · 자리

· button ·   · 접시

B 그림에 알맞은 영어 단어를 적어보세요.

보기   chef · fresh · fruit · menu · food · glass

요리사

음식

신선한

과일

유리, 잔

메뉴

Day 14  Behavior 행위

 그림을 보고 듣고 읽고 쓰면 저절로 외워지는 단어

cry
울다

ㅋ·ㄹ·ㅏ·ㅣ
크라이

finish
끝내다

ㅍ·ㅣ·ㄴ·ㅣ·쉬
퓌니쉬

fun
재미, 장난

ㅍ·ㅓ·ㄴ
풘

hurry
서두르다

ㅎ·ㅓ·ㄹ·ㅣ
허-뤼

laugh
웃다

ㄹ·ㅐ·ㅍ
래프

lie
거짓말

ㄹ·ㅏ·ㅣ
라이

lose
잃다, 패배하다

ㄹ·ㅜ·ㅈ
루-즈

post
우편물을 부치다

ㅍ·ㅗ·ㅜ·ㅅ·ㅌ
포우스트

return
돌아가다

ㄹ·ㅓ·ㅣ·ㅌ·ㅓ·ㄹ·ㅓ·ㄴ
뤼터-ㄴ

actor
영화배우

ㅐ·ㅋ·ㅌ·ㅓ
액터

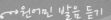

그림을 보고 읽고 소리내며 쓰세요!!

cry 울다
ㅋ·ㄹ어·ㅏ·ㅣ 크라이

cry

finish 끝내다
ㅍ어·ㅣ·ㄴ·ㅣ·쉬 퓌니쉬

finish

fun 재미, 장난
ㅍ어·ㅓ·ㄴ 풘

fun

hurry 서두르다
ㅎ·ㅓ·ㄹ어·ㅣ 허-뤼

hurry

laugh 웃다
ㄹ·ㅐ·ㅍ어 래프

laugh

lie 거짓말
ㄹ·ㅏ·ㅣ 라이

lie

lose 잃다, 패배하다
ㄹ·ㅜ·ㅈ 루-즈

lose

post 우편물을 부치다
ㅍ·ㅗ·ㅜ·ㅅ·ㅌ 포우스트

post

return 돌아가다
ㄹ·ㅣ·ㅌ·ㅓ·ㄹ·ㄴ 뤼터-ㄴ

return

actor 영화배우
ㅐ·ㅋ·ㅌ·ㅓ 액터

actor

연습문제

A 그림에 알맞은 영어 단어와 우리말 뜻을 골라 연결하세요.

 ·

 ·

 ·

 ·

· **cry** ·   · 돌아가다

· **return** ·   · 울다

· **lie** ·   · 웃다

· **laugh** ·   · 거짓말

B 그림에 알맞은 영어 단어를 적어보세요.

보기   actor · post · finish · fun · lose · hurry

 끝내다 ⋯⋯⋯⋯⋯⋯

재미, 장난 ⋯⋯⋯⋯⋯⋯

 서두르다 ⋯⋯⋯⋯⋯⋯

 잃다, 패배하다 ⋯⋯⋯⋯⋯⋯

 우편물을 부치다 ⋯⋯⋯⋯⋯⋯

 영화배우 ⋯⋯⋯⋯⋯⋯

Day 15  City 도시

 그림을 보고 듣고 읽고 쓰면 저절로 외워지는 단어

city
도시

ㅆ·ㅣ·ㅌ·ㅣ
씨티

town
소도시

ㅌ·ㅏ·ㅜ·ㄴ
타운

village
마을

ㅂ·ㅣ·ㄹ·ㄹ·ㅣ·쥐
빌리쥐

apartment
아파트

ㅓ·ㅍ·ㅏ·ㄹ·ㅌ·ㅁ·ㅓ·ㄴ·ㅌ
어파-트먼트

capital
수도

ㅋ·ㅐ·ㅍ·ㅣ·ㅌ·ㄹ
캐피틀

busy
바쁜

ㅂ·ㅣ·ㅈ·ㅣ
비지

office
사무실

ㅗ·ㅍ·ㅣ·ㅅ
오-퓌스

station
정거장

ㅅ·ㅌ·ㅔ·ㅣ·쉬·ㄴ
스테이션

street
도로

ㅅ·ㅌ·ㄹ·ㅗ·ㅣ·ㅌ
스트뤼-트

job
직업

쥐·ㅏ·ㅂ
좌-ㅂ

 64

 그림을 보고 읽고 소리내며 쓰세요!!

city 도시
ㅆ+ㅣ+ㅌ+ㅣ 씨티

city

town 소도시
ㅌ+ㅏ+ㅜ+ㄴ 타운

town

village 마을
ㅂ+ㅣ+ㄹ+ㄹ+ㅣ+쥐 빌리쥐

village

apartment 아파트
ㅓ+ㅍ+ㅏ+ㄹ+ㅌ+ㅁ+ㅓ+ㄴ+ㅌ
어파-트먼트

apartment

capital 수도
ㅋ+ㅐ+ㅍ+ㅣ+ㅌ+ㄹ 캐피틀

capital

그림을 보고 읽고 소리내며 쓰세요 !!

busy 바쁜
ㅂ·ㅣ·ㅈ·ㅣ 비지

busy

office 사무실
ㅗ·ㅍ·ㅣ·ㅅ 오-퓌스

office

station 정거장
ㅅ·ㅌ·ㅔ·ㅣ·쉬·ㄴ 스테이션

station

street 도로
ㅅ·ㅌ·ㄹ·ㅣ·ㅌ 스트뤼-트

street

job 직업
쥐·ㅏ·ㅂ 좌-ㅂ

job

A 그림에 알맞은 영어 단어와 우리말 뜻을 골라 연결하세요.

- station · 도시
- street · 사무실
- city · 도로
- office · 정거장

B 그림에 알맞은 영어 단어를 적어보세요.

보기　town · village · apartment · capital · busy · job

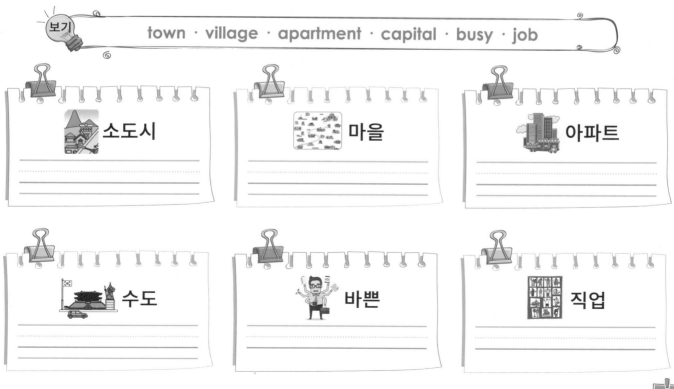

소도시

마을

아파트

수도

바쁜

직업

Day 16  Leisure life 여가생활

 그림을 보고 듣고 읽고 쓰면 저절로 외워지는 단어

friend
친구

ㅍ·ㄹ·ㅇ·ㅔ·ㄴ·ㄷ
프렌드

game
게임

ㄱ·ㅔ·ㅣ·ㅁ
게임

group
모임, 집단

ㄱ·ㄹ·ㅇ·ㅜ·ㅍ
그루-ㅍ

club
클럽, 동호회

ㅋ·ㄹ·ㄹ·ㅓ·ㅂ
클럽

coffee
커피

ㅋ·ㅗ·ㅍ·ㅣ
코-퓌

bath
목욕

ㅂ·ㅐ·ㅆ·ㅇ
배쓰

beach
해변

ㅂ·ㅣ·취
비-취

yoga
요가

ㅍ·ㅜ·ㄱ·ㅓ
요우거

comic book
만화책

ㅋ·ㅏ·ㅁ·ㅣ·ㅋ·ㅂ·ㅜ·ㅋ
카-믹 북

exercise
운동

ㅔ·ㅋ·ㅅ·ㅓ·ㅇ·ㅅ·ㅏ·ㅣ·ㅈ
엑써싸이즈

68

그림을 보고 읽고 소리내며 쓰세요!!

friend 친구
ㅍ•ㄹㅇ•ㅔ•ㄴ•ㄷ 프렌드

friend

game 게임
ㄱ•ㅔ•ㅣ•ㅁ 게임

game

group 모임, 집단
ㄱ•ㄹㅇ•ㅜ•ㅍ 그루-ㅍ

group

club 클럽, 동호회
ㅋ•ㄹ•ㄹ•ㅣ•ㅂ 클럽

club

coffee 커피
ㅋ•ㅗ•ㅍㅇ•ㅣ 코-퓌

coffee

그림을 보고 읽고 소리내며 쓰세요 !!

bath 목욕
ㅂ+ㅐ+ㅆㅇ 배쓰

bath

beach 해변
ㅂ+ㅣ+취 비-취

beach

yoga 요가
ㅛ+ㅜ+ㄱ+ㅓ 요우거

yoga

comic book 만화책
ㅋ+ㅏ+ㅁ+ㅣ+ㅋ+ㅂ+ㅜ+ㅋ 카-믹 북

comic book

exercise 운동
ㅔ+ㅋ+ㅅ+ㅓ+ㄹ+ㅅ+ㅏ+ㅣ+ㅈ
엑써싸이즈

exercise

연습문제

A 그림에 알맞은 영어 단어와 우리말 뜻을 골라 연결하세요.

bath · · 만화책

yoga · · 해변

beach · · 요가

comic book · · 목욕

B 그림에 알맞은 영어 단어를 적어보세요.

보기   club · friend · group · coffee · game · exercise

친구

게임

모임, 집단

클럽, 동호회

커피

운동

Day 17  Action 동작

 그림을 보고 듣고 읽고 쓰면 저절로 외워지는 단어

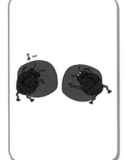

roll
굴리다

ㄹㅗㅜㄹ
로울

send
보내다

ㅅㅔㄴㄷ
쎈드

shoot
쏘다

쉬ㅠㅌ
슈-트

slide
미끄러지다

ㅅㄹㄹㅏㅣㄷ
슬라이드

start
출발하다

ㅅㅌㅏㄹㅇㅌ
스타-트

stay
머무르다

ㅅㅌㅔㅣ
스떼이

strike
때리다

ㅅㅌㄹㅇㅏㅣㅋ
스트롸이크

switch
바꾸다, 스위치

ㅅㅜㅣ취
스위취

tie
묶다

ㅌㅏㅣ
타이

try
시도하다

ㅌㄹㅇㅏㅣ
트롸이

 72

원어민 발음 듣기

월   일

그림을 보고 읽고 소리내며 쓰세요!!

roll 굴리다
ㄹㅇ+ㅗ+ㅜ+ㄹ 로울

roll

send 보내다
ㅅ+ㅔ+ㄴ+ㄷ 쎈드

send

shoot 쏘다
쉬+ㅠ+ㅌ 슈-트

shoot

slide 미끄러지다
ㅅ+ㄹ+ㄹ+ㅏ+ㅣ+ㄷ 슬라이드

slide

start 출발하다
ㅅ+ㅌ+ㅏ+ㄹㅇ+ㅌ 스타-트

start

73

stay 머무르다
ㅅ·ㅌ·ㅔ·ㅣ 스떼이

stay

strike 때리다
ㅅ·ㅌ·ㄹ·ㅏ·ㅣ·ㅋ 스트롸이크

strike

switch 바꾸다, 스위치
ㅅ·ㅜ·ㅣ·취 스위취

switch

tie 묶다
ㅌ·ㅏ·ㅣ 타이

tie

try 시도하다
ㅌ·ㄹ·ㅏ·ㅣ 트롸이

try

연습문제

A 그림에 알맞은 영어 단어와 우리말 뜻을 골라 연결하세요.

shoot · · 미끄러지다

start · · 굴리다

roll · · 쏘다

slide · · 출발하다

B 그림에 알맞은 영어 단어를 적어보세요.

보기 stay · send · try · strike · tie · switch

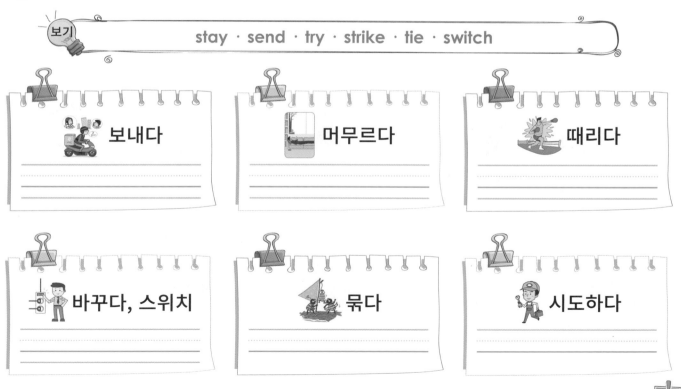

보내다

머무르다

때리다

바꾸다, 스위치

묶다

시도하다

Day 18   Sense 감각

 그림을 보고 듣고 읽고 쓰면 저절로 외워지는 단어

excite
흥분시키다

ㅣㅋㅆㅏㅣㅌ
익싸이트

see
보다

ㅆㅣ
씨-

sight
시각, 시력

ㅆㅏㅣㅌ
싸이트

touch
만지다

ㅌㅓ취
터취

smell
냄새

ㅅㅡㅁㅔㄹ
스멜

taste
맛보다, 맛

ㅌㅔㅣㅅㅌ
테이스트

hear
(들려오는 소리를)듣다

ㅎㅣㄹㅇ
히어

listen
(귀 기울여)듣다

ㄹㅣㅆㄴ
리슨

look
바라보다

ㄹㅜㅋ
룩

catch
잡다

ㅋㅐ취
캐취

그림을 보고 읽고 소리내며 쓰세요 !!

excite 흥분시키다
ㅣ·ㅋ·ㅆ·ㅏ·ㅣ·ㅌ 익싸이트

excite

see 보다
ㅆ·ㅣ 씨-

see

sight 시각, 시력
ㅆ·ㅏ·ㅣ·ㅌ 싸이트

sight

touch 만지다
ㅌ·ㅓ·취 터취

touch

smell 냄새
ㅅ·ㅁ·ㅔ·ㄹ 스멜

smell

그림을 보고 읽고 소리내며 쓰세요!!

	taste 맛보다, 맛 ㅌ·ㅔ·ㅣ·ㅅ·ㅌ 테이스트	taste

	hear (들려오는 소리를)듣다 ㅎ·ㅣ·ㄹㅇ 히어	hear

	listen (귀 기울여)듣다 ㄹ·ㅣ·ㅆ·ㄴ 리슨	listen

	look 바라보다 ㄹ·ㅜ·ㅋ 룩	look

	catch 잡다 ㅋ·ㅐ·취 캐취	catch

A 그림에 알맞은 영어 단어와 우리말 뜻을 골라 연결하세요.

- sight ·   · 잡다
- taste ·   · 맛보다, 맛
- see ·   · 보다
- catch ·   · 시각, 시력

B 그림에 알맞은 영어 단어를 적어보세요.

보기   touch · excite · smell · listen · hear · look

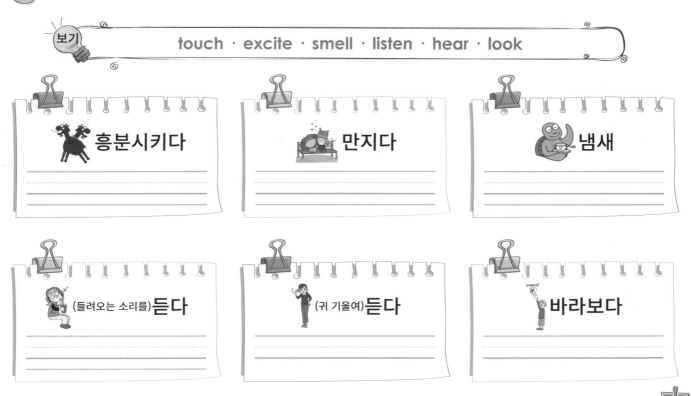

흥분시키다

만지다

냄새

(들려오는 소리를) 듣다

(귀 기울여) 듣다

바라보다

 그림을 보고 듣고 읽고 쓰면 저절로 외워지는 단어

act
행동하다

ㅐ·ㅋ·ㅌ
액트

begin
시작하다

ㅂ·ㅣ·ㄱ·ㅣ·ㄴ
비긴

blow
(바람이) 불다,
(입으로) 불다

ㅂ·ㄹ·ㄹ·ㅗ·ㅜ
블로우

break
부수다

ㅂ·ㄹ·ㅔ·ㅣ·ㅋ
브뤠이크

build
짓다, 세우다

ㅂ·ㅣ·ㄹ·ㄷ
빌드

call
부르다,
전화하다

ㅋ·ㅗ·ㄹ
코-ㄹ

handle
다루다,
처리하다

ㅎ·ㅐ·ㄴ·ㄷ·ㄹ
핸들

hide
숨다

ㅎ·ㅏ·ㅣ·ㄷ
하이드

knock
두드리다

ㄴ·ㅏ·ㅋ
나-ㅋ

pick
(과일, 꽃을) 따다,
골라잡다

ㅍ·ㅣ·ㅋ
픽

원어민 발음 듣기

월   일

그림을 보고 읽고 소리내며 쓰세요 !!

act 행동하다
ㅐ·ㅋ·ㅌ 액트

act

begin 시작하다
ㅂ·ㅣ·ㄱ·ㅣ·ㄴ 비긴

begin

blow (바람이)불다, (입으로)불다
ㅂ·ㄹ·ㄹ·ㅗ·ㅜ 블로우

blow

break 부수다
ㅂ·ㄹ·ㅇ·ㅐ·ㅣ·ㅋ 브뤠이크

break

build 짓다, 세우다
ㅂ·ㅣ·ㄹ·ㄷ 빌드

build

그림을 보고 읽고 소리내며 쓰세요 !!

call 부르다, 전화하다
ㅋ+ㅗ+ㄹ 코-ㄹ

call

handle 다루다, 처리하다
ㅎ+ㅐ+ㄴ+ㄷ+ㄹ 핸들

handle

hide 숨다
ㅎ+ㅏ+ㅣ+ㄷ 하이드

hide

knock 두드리다
ㄴ+ㅏ+ㅋ 나-ㅋ

knock

pick
(과일, 꽃을) 따다, 골라잡다
ㅍ+ㅣ+ㅋ 픽

pick

A 그림에 알맞은 영어 단어와 우리말 뜻을 골라 연결하세요.

 · · **pick** · · 짓다, 세우다

 · · **build** · · (과일, 꽃을) **따다, 골라잡다**

 · · **blow** · · 두드리다

 · · **knock** · · (바람이) **불다,** (입으로) **불다**

B 그림에 알맞은 영어 단어를 적어보세요.

보기   break · act · begin · call · hide · handle

행동하다

시작하다

부수다

부르다, 전화하다

다루다, 처리하다

숨다

Day 20　　Change 변화

 그림을 보고 듣고 읽고 쓰면 저절로 외워지는 단어

become
~이 되다

ㅂ·ㅣ·ㅋ·ㅓ·ㅁ
비컴

change
변하다, 바꾸다

취·ㅔ·ㅣ·ㄴ·쥐
췌인쥐

die
죽다

ㄷ·ㅏ·ㅣ
다이

grow
자라다

ㄱ·ㄹ·ㅇ·ㅗ·ㅜ
그로우

happen
(사건이)일어나다

ㅎ·ㅐ·ㅍ·ㅡ·ㄴ
해픈

join
참가하다

쥐·ㅗ·ㅣ·ㄴ
조인

make
만들다

ㅁ·ㅔ·ㅣ·ㅋ
메이크

move
움직이다

ㅁ·ㅜ·ㅂ·ㅇ
무·브

open
열다

ㅗ·ㅜ·ㅍ·ㅡ·ㄴ
오우픈

pass
지나다,
(시험에)합격하다

ㅍ·ㅐ·ㅅ
패쓰

84

그림을 보고 읽고 소리내며 쓰세요!!

become ~이 되다
ㅂ·ㅣ·ㅋ·ㅓ·ㅁ 비컴

become

change 변하다, 바꾸다
취·ㅔ·ㅣ·ㄴ·쥐 췌인쥐

change

die 죽다
ㄷ·ㅏ·ㅣ 다이

die

grow 자라다
ㄱ·ㄹ·ㅗ·ㅜ 그로우

grow

happen (사건이)일어나다
ㅎ·ㅐ·ㅍ·ㅡ·ㄴ 해픈

happen

join 참가하다
쥐+ㅗ+ㅣ+ㄴ 조인

join

make 만들다
ㅁ+ㅔ+ㅣ+ㅋ 메이크

make

move 움직이다
ㅁ+ㅜ+ㅂ 무-브

move

open 열다
ㅗ+ㅜ+ㅍ+ㅡ+ㄴ 오우픈

open

pass 지나다, (시험에)합격하다
ㅍ+ㅐ+ㅅ 패쓰

pass

연습문제

A 그림에 알맞은 영어 단어와 우리말 뜻을 골라 연결하세요.

 · · **grow** · · 만들다

 · · **make** · · 자라다

 · · **change** · · 열다

 · · **open** · · 변하다, 바꾸다

B 그림에 알맞은 영어 단어를 적어보세요.

보기   happen · become · die · move · join · pass

~이 되다

죽다

(사건이)일어나다

참가하다

움직이다

지나다, (시험에)합격하다

 그림을 보고 듣고 읽고 쓰면 저절로 외워지는 단어

welcome
환영하다

ㅇ·ㅔ·ㄹ·ㅋ·ㅓ·ㅁ
웰컴

tell
이야기하다

ㅌ·ㅔ·ㄹ
텔

thank
감사하다

ㅆ·ㅐ·ㅇ·ㅋ
쌩크

visit
방문하다

ㅂ·ㅣ·ㅈ·ㅣ·ㅌ
뷔지트

introduce
소개하다

ㅣ·ㄴ·ㅌ·ㄹ·ㅓ·ㄷ·ㅠ·ㅅ
인트뤄듀-스

march
행진하다

ㅁ·ㅏ·ㄹ·ㅇ·ㅊ
마-취

marry
결혼하다

ㅁ·ㅐ·ㄹ·ㅇ·ㅣ
매뤼

lead
이끌다

ㄹ·ㅣ·ㄷ
리-드

dial
전화를 걸다

ㄷ·ㅏ·ㅣ·ㅣ·ㄹ
다이얼

hate
싫어하다

ㅎ·ㅔ·ㅣ·ㅌ
헤이트

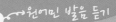

그림을 보고 읽고 소리내며 쓰세요 !!

welcome 환영하다
ㅜㅔㄹㅋㅣㅁ 웰컴

welcome

tell 이야기하다
ㅌㅔㄹ 텔

tell

thank 감사하다
ㅆㅐㅇㅋ 쌩크

thank

visit 방문하다
ㅂㅣㅈㅣㅌ 뷔지트

visit

introduce 소개하다
ㅣㄴㅌㄹㅓㅣㄷㅠㅅ
인트뤄듀-스

introduce

march 행진하다
ㅁ+ㅏ+ㄹ+ㅊ 마-취

march

marry 결혼하다
ㅁ+ㅐ+ㄹ+ㅣ 매뤼

marry

lead 이끌다
ㄹ+ㅣ+ㄷ 리-드

lead

dial 전화를 걸다
ㄷ+ㅏ+ㅣ+ㅓ+ㄹ 다이얼

dial

hate 싫어하다
ㅎ+ㅔ+ㅣ+ㅌ 헤이트

hate

연습문제

A 그림에 알맞은 영어 단어와 우리말 뜻을 골라 연결하세요.

· **marry** · · 결혼하다

· **thank** · · 방문하다

· **introduce** · · 감사하다

· **visit** · · 소개하다

B 그림에 알맞은 영어 단어를 적어보세요.

보기 welcome · tell · march · lead · dial · hate

환영하다

이야기하다

행진하다

이끌다

전화를 걸다

싫어하다

Personal life 개인생활

 그림을 보고 듣고 읽고 쓰면 저절로 외워지는 단어

birthday
생일

ㅂ·ㅓ·ㄹ·ㅆ·ㄷ·ㅔ·ㅣ
버-쓰데이

spoon
수저

ㅅ·ㅍ·ㅜ·ㄴ
스푸-ㄴ

trek
트레킹

ㅌ·ㄹ·ㅔ·ㅋ
트뤡

chopstick
젓가락

취·ㅏ·ㅍ·ㅅ·ㅌ·ㅣ·ㅋ
촤-ㅍ스틱

stamp
우표

ㅅ·ㅌ·ㅐ·ㅁ·ㅍ
스탬프

trip
여행

ㅌ·ㄹ·ㅣ·ㅍ
트륖

video
비디오

ㅂ·ㅔ·ㄷ·ㅣ·ㅗ·ㅜ
뷔디오우

vacation
방학

ㅂ·ㅔ·ㅋ·ㅔ·ㅣ·쉬·ㄴ
붸케이션

diary
일기

ㄷ·ㅏ·ㅣ·ㅓ·ㄹ·ㅣ
다이어뤼

skate
스케이트

ㅅ·ㅋ·ㅔ·ㅣ·ㅌ
스케이트

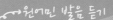

그림을 보고 읽고 소리내며 쓰세요!

birthday 생일
ㅂ·ㅓ·ㄹ·이·쓰·이·ㄷ·ㅔ·ㅣ 버-쓰데이

birthday

spoon 수저
ㅅ·ㅍ·ㅜ·ㄴ 스푸-ㄴ

spoon

trek 오지 여행
ㅌ·ㄹ·이·ㅔ·ㅋ 트뤡

trek

chopstick 젓가락
취·ㅏ·ㅍ·ㅅ·ㅌ·ㅣ·ㅋ 촤-ㅍ스틱

chopstick

stamp 우표
ㅅ·ㅌ·ㅐ·ㅁ·ㅍ 스탬프

stamp

그림을 보고 읽고 소리내며 쓰세요 !

trip 여행
ㅌ·ㄹ아·ㅣ·ㅍ 트륖

trip

video 비디오
ㅂ아·ㅣ·ㄷ·ㅣ·오·ㅜ 뷔디오우

video

vacation 방학
ㅂ아·ㅔ·ㅋ·ㅐ·ㅣ·쉬·ㄴ 붸케이션

vacation

diary 일기
ㄷ·ㅣ·ㅣ·ㄹ아·ㅣ 다이어뤼

diary

skate 스케이트
ㅅ·ㅋ·ㅔ·ㅣ·ㅌ 스케이트

skate

연습문제

A 그림에 알맞은 영어 단어와 우리말 뜻을 골라 연결하세요.

- stamp ·
- skate ·
- birthday ·
- spoon ·

- 수저
- 스케이트
- 생일
- 우표

B 그림에 알맞은 영어 단어를 적어보세요.

보기   vacation · trek · video · chopstick · trip · diary

트레킹

젓가락

여행

비디오

방학

일기

Day 23

Quantity (세거나 잴 수 있는) 양

100

hundred
백, 백의

ㅎ·ㅓ·ㄴ·ㄷ·ㄹ·ㅓ·ㄷ
헌드뤄드

1000

thousand
천, 천의

ㅆ·ㅏ·ㅜ·ㅈ·ㄴ·ㄷ
싸우즌드

1000000

million
백만

ㅁ·ㅣ·ㄹ·ㄹ·ㅣ·ㅓ·ㄴ
밀리언

middle
중간

ㅁ·ㅣ·ㄷ·ㄹ
미들

meter
미터

ㅁ·ㅣ·ㅌ·ㅓ
미-터

many
많은

ㅁ·ㅔ·ㄴ·ㅣ
메니

too
또한, 너무 ~한

ㅌ·ㅜ
투-

always
항상, 언제나

ㅗ·ㄹ·ㅜ·ㅔ·ㅣ·ㅈ
오-ㄹ웨이즈

enough
충분히

ㅣ·ㄴ·ㅓ·ㅍ
이너프

far
멀리 떨어져

ㅍ·ㅏ·ㄹ
퐈-

| 100 | **hundred** 백, 백의
ㅎ·ㅓ·ㄴ·ㄷ·ㄹ·ㅓ·ㄷ 헌드뤄드 | hundred |

| 1000 | **thousand** 천, 천의
ㅆ·ㅏ·ㅜ·ㅈ·ㄴ·ㄷ 싸우즌드 | thousand |

| 1000000 | **million** 백만
ㅁ·ㅣ·ㄹ·ㄹ·ㅣ·ㅓ·ㄴ 밀리언 | million |

| | **middle** 중간
ㅁ·ㅣ·ㄷ·ㄹ 미들 | middle |

| | **meter** 미터
ㅁ·ㅣ·ㅌ·ㅓ 미-터 | meter |

그림을 보고 읽고 소리내며 쓰세요 !!

many 많은
ㅁ+ㅔ+ㄴ+ㅣ 메니

many

too 또한, 너무 ~한
ㅌ+ㅜ 투-

too

always 항상, 언제나
ㅗ+ㄹ+ㅜ+ㅔ+ㅣ+ㅈ 오-ㄹ웨이즈

always

enough 충분히
ㅣ+ㄴ+ㅓ+ㅍ 이너프

enough

far 멀리 떨어져
ㅍ+ㅏ+ㄹ 퐈-

far

98

연습문제

A 그림에 알맞은 영어 단어와 우리말 뜻을 골라 연결하세요.

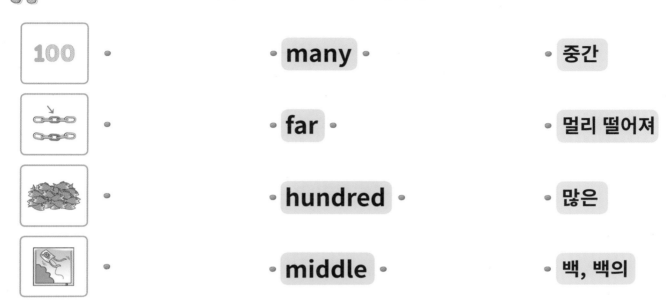

100	• many •		• 중간
(그림)	• far •		• 멀리 떨어져
(그림)	• hundred •		• 많은
(그림)	• middle •		• 백, 백의

B 그림에 알맞은 영어 단어를 적어보세요.

보기   million · thousand · enough · too · meter · always

1000 천, 천의	1000000 백만	미터
또한, 너무 ~한	항상, 언제나	충분히

 그림을 보고 듣고 읽고 쓰면 저절로 외워지는 단어

address
주소, 연설

ㅓ·ㄷ·ㄹㅇ·ㅔ·ㅅ
어드뤠스

course
과목

ㅋ·ㅗ·ㄹㅇ·ㅅ
코-쓰

door
문

ㄷ·ㅗ·ㄹㅇ
도-어

flag
깃발

ㅍ·ㄹ·ㄹㅐ·ㄱ
플래그

gate
출입문, 정문

ㄱ·ㅔ·ㅣ·ㅌ
게이트

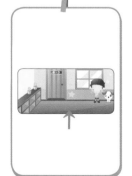

hall
복도, 회관

ㅎ·ㅗ·ㄹ
호-ㄹ

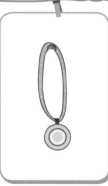

medal
메달

ㅁ·ㅔ·ㄷ·ㄹ
메들

poster
포스터

ㅍ·ㅗ·ㅜ·ㅅ·ㅌ·ㅓ
포우스터

ring
(종이)울리다

ㄹ·ㅣ·ㅇ
륑

score
점수

ㅅ·ㅋ·ㅗ·ㄹㅇ
스코-어

그림을 보고 읽고 소리내며 쓰세요!!

address 주소, 연설
ㅓ·ㄷ·ㄹ어·ㅐ·ㅅ 어드뤠스

address

course 과목
ㅋ·ㅗ·ㄹ어·ㅅ 코-쓰

course

door 문
ㄷ·ㅗ·ㄹ어 도-어

door

flag 깃발
ㅍ·ㄹ·ㄹ·ㅐ·ㄱ 플래그

flag

gate 출입문, 정문
ㄱ·ㅔ·ㅣ·ㅌ 게이트

gate

101

그림을 보고 읽고 소리내며 쓰세요 !!

hall 복도, 회관
ㅎ·ㅗ·ㄹ 호-ㄹ

hall

medal 메달
ㅁ·ㅔ·ㄷ·ㄹ 메들

medal

poster 포스터
ㅍ·ㅗ·ㅅ·ㅌ·ㅓ 포우스터

poster

ring (종이)울리다
ㄹ·ㅣ·ㅇ 링

ring

score 점수
ㅅ·ㅋ·ㅗ·ㄹ 스코-어

score

연습문제

A 그림에 알맞은 영어 단어와 우리말 뜻을 골라 연결하세요.

 •

 •

 •

 •

• **flag** •

• **door** •

• **medal** •

• **gate** •

• 문

• 메달

• 깃발

• 출입문, 정문

B 그림에 알맞은 영어 단어를 적어보세요.

address · poster · hall · ring · score · course

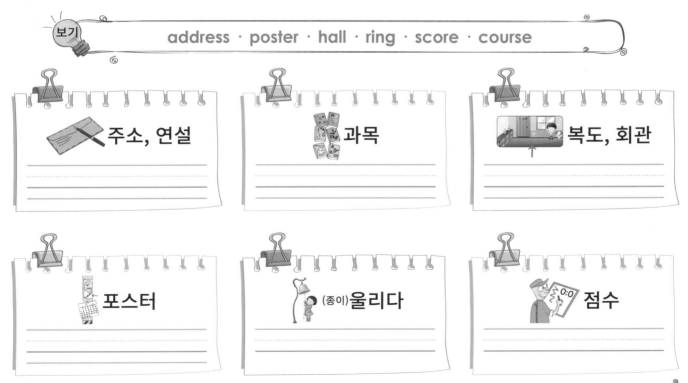

주소, 연설

과목

복도, 회관

포스터

(종이)울리다

점수

Science 과학

 그림을 보고 듣고 읽고 쓰면 저절로 외워지는 단어

fact
사실

ㅍ·ㅐ·ㅋ·ㅌ
팩트

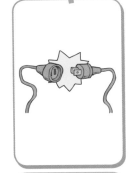

fix
고정시키다,
바로잡다

ㅍ·ㅣ·ㅋ·ㅅ
픽스

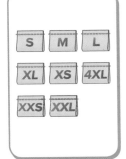

size
크기

ㅅ·ㅏ·ㅣ·ㅈ
싸이즈

example
보기, 사례

ㅣ·ㄱ·ㅈ·ㅐ·ㅁ·ㅍ·ㄹ
이그잼플

robot
로봇

ㄹ·ㅗ·ㅗ·ㅂ·ㅏ·ㅌ
로우밭

rocket
로켓

ㄹ·ㅏ·ㅋ·ㅣ·ㅌ
롸·킽

shape
모양

ㅟ·ㅔ·ㅣ·ㅍ
쉐이프

square
정사각형

ㅅ·ㅋ·ㅜ·ㅔ·ㄹ
스퀘어

test
테스트

ㅌ·ㅔ·ㅅ·ㅌ
테스트

world
세계

ㅜ·ㅓ·ㄹ·ㄷ
워-올드

그림을 보고 읽고 소리내며 쓰세요!!

fact 사실
ㅍㅇ·ㅐ·ㅋ·ㅌ 팩트

fact

fix 고정시키다, 바로잡다
ㅍㅇ·ㅣ·ㅋ·ㅅ 픽스

fix

size 크기
ㅅ·ㅏ·ㅣ·ㅈ 싸이즈

size

example 보기, 사례
ㅣ·ㄱ·ㅈ·ㅐ·ㅁ·ㅍ·ㄹ 이그잼플

example

robot 로봇
ㄹ·ㅗ·ㅜ·ㅂ·ㅏ·ㅌ 로우밭

robot

그림을 보고 읽고 소리내며 쓰세요!!

rocket 로켓 ㄹ·ㅗ·ㅋ·ㅣ·ㅌ 롸-킽	rocket
shape 모양 쉬·ㅔ·ㅣ·ㅍ 쉐이프	shape
square 정사각형 ㅅ·ㅋ·ㅜ·ㅔ·ㄹ 스퀘어	square
test 테스트 ㅌ·ㅔ·ㅅ·ㅌ 테스트	test
world 세계 ㅜ·ㅓ·ㄹ·ㄷ 워-을드	world

A 그림에 알맞은 영어 단어와 우리말 뜻을 골라 연결하세요.

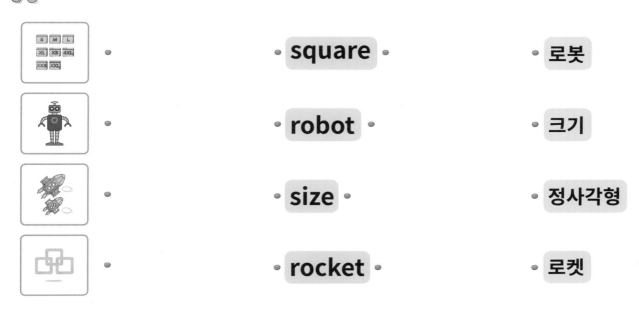

square · · 로봇

robot · · 크기

size · · 정사각형

rocket · · 로켓

B 그림에 알맞은 영어 단어를 적어보세요.

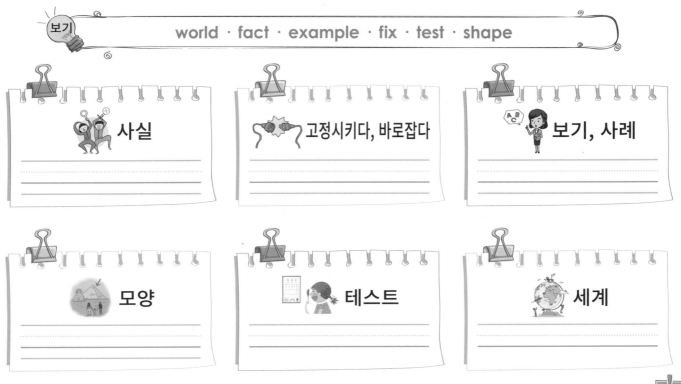

사실 _____

고정시키다, 바로잡다 _____

보기, 사례 _____

모양 _____

테스트 _____

세계 _____

Day 26   Location 위치

 그림을 보고 듣고 읽고 쓰면 저절로 외워지는 단어

across
~을 가로질러
ㅓ·ㅋ·ㄹ·ㅗ·ㅅ
어크로-스

along
~을 따라서
ㅓ·ㄹ·ㄹ·ㅗ·ㅇ
얼로-응

among
~에 둘러싸인
ㅓ·ㅁ·ㅓ·ㅇ
어멍

around
~주위에
ㅓ·ㄹ·ㅏ·ㅜ·ㄴ·ㄷ
어롸운드

away
멀리, 떨어져서
ㅓ·ㅜ·ㅔ·ㅣ
어웨이

behind
~의 뒤에
ㅂ·ㅣ·ㅎ·ㅏ·ㅣ·ㄴ·ㄷ
비하인드

below
~보다 아래에
ㅂ·ㅣ·ㄹ·ㄹ·ㅗ·ㅜ
빌로우

beside
~의 옆에
ㅂ·ㅣ·ㅅ·ㅏ·ㅣ·ㄷ
비싸이드

between
~의 사이에
ㅂ·ㅣ·ㅌ·ㅜ·ㅣ·ㄴ
비트위-ㄴ

under
~의 밑에
ㅓ·ㄴ·ㄷ·ㅓ
언더

그림을 보고 읽고 소리내며 쓰세요!!

across ~을 가로질러
ㅓ·ㅋ·ㄹ·ㅗ·ㅅ 어크로-스

across

along ~을 따라서
ㅓ·ㄹ·ㄹ·ㅗ·ㅇ 얼로-응

along

among ~에 둘러싸인
ㅓ·ㅁ·ㅓ·ㅇ 어멍

among

around ~주위에
ㅓ·ㄹ·ㅓ·ㅜ·ㄴ·ㄷ 어롸운드

around

away 멀리, 떨어져서
ㅓ·ㅜ·ㅔ·ㅣ 어웨이

away

그림을 보고 읽고 소리내며 쓰세요!

behind ~의 뒤에
ㅂ·ㅣ·ㅎ·ㅏ·ㅣ·ㄴ·ㄷ 비하인드

behind

below ~보다 아래에
ㅂ·ㅣ·ㄹ·ㄹ·ㅗ·ㅜ 빌로우

below

beside ~의 옆에
ㅂ·ㅣ·ㅅ·ㅏ·ㅣ·ㄷ 비싸이드

beside

between ~의 사이에
ㅂ·ㅣ·ㅌ·ㅜ·ㅣ·ㄴ 비트위-ㄴ

between

under ~의 밑에
ㅓ·ㄴ·ㄷ·ㅓ 언더

under

A 그림에 알맞은 영어 단어와 우리말 뜻을 골라 연결하세요.

 ·

 ·

 ·

 ·

· **among** ·

· **below** ·

· **between** ·

· **across** ·

· ~의 사이에

· ~을 가로질러

· ~보다 아래에

· ~에 둘러싸인

B 그림에 알맞은 영어 단어를 적어보세요.

보기   beside · away · around · behind · under · along

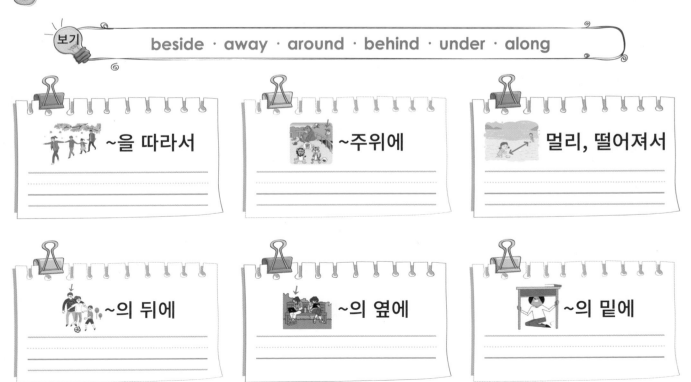

~을 따라서

~주위에

멀리, 떨어져서

~의 뒤에

~의 옆에

~의 밑에

My day 나의 하루

 그림을 보고 듣고 읽고 쓰면 저절로 외워지는 단어

burn
타다, 태우다
ㅂ+ㅓ+ㄹ+ㅇ+ㄴ
버-은

close
닫다
ㅋ+ㄹ+ㄹ+ㅗ+ㅜ+ㅈ
클로우즈

cover
가리다
ㅋ+ㅓ+ㅂ+ㅇ+ㅓ
커붜

cross
건너다
ㅋ+ㄹ+ㅗ+ㅅ+ㅅ
크로-쓰

drop
떨어뜨리다
ㄷ+ㄹ+ㅏ+ㅂ+ㅍ
드롸-ㅍ

noise
소음
ㄴ+ㅗ+ㅇ+ㅣ+ㅈ
노이즈

party
파티
ㅍ+ㅏ+ㅋ+ㄹ+ㅇ+ㅌ+ㅣ
파-티

picnic
소풍
ㅍ+ㅣ+ㅋ+ㄴ+ㅣ+ㅋ
피크닉

rest
휴식, 휴식하다
ㄹ+ㅇ+ㅔ+ㅅ+ㅌ
뤠스트

subway
지하철
ㅅ+ㅓ+ㅂ+ㅜ+ㅔ+ㅇ+ㅣ
썹웨이

그림을 보고 읽고 소리내며 쓰세요 !!

burn 타다, 태우다
ㅂ+ㅓ+ㄹ+ㄴ 버-은

burn

close 닫다
ㅋ+ㄹ+ㄹ+ㅗ+ㅜ+ㅈ 클로우즈

close

cover 가리다
ㅋ+ㅓ+ㅂ+ㅓ 커붜

cover

cross 건너다
ㅋ+ㄹ+ㅇ+ㅗ+ㅅ 크로-쓰

cross

drop 떨어뜨리다
ㄷ+ㄹ+ㅇ+ㅏ+ㅍ 드롸-ㅍ

drop

그림을 보고 읽고 소리내며 쓰세요 !!

noise 소음
ㄴ·ㅗ·ㅣ·ㅈ 노이즈

noise

party 파티
ㅍ·ㅏ·ㄹ·ㅌ·ㅣ 파-티

party

picnic 소풍
ㅍ·ㅣ·ㅋ·ㄴ·ㅣ·ㅋ 피크닉

picnic

rest 휴식, 휴식하다
ㄹ·ㅔ·ㅅ·ㅌ 뤠스트

rest

subway 지하철
ㅅ·ㅓ·ㅂ·ㅜ·ㅔ·ㅣ 썹웨이

subway

연습문제

Ⓐ 그림에 알맞은 영어 단어와 우리말 뜻을 골라 연결하세요.

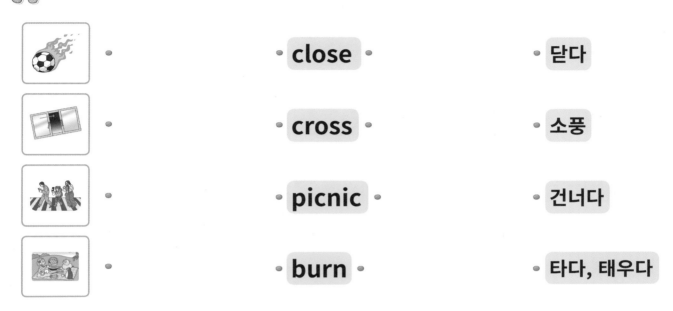

- close · · 닫다
- cross · · 소풍
- picnic · · 건너다
- burn · · 타다, 태우다

Ⓑ 그림에 알맞은 영어 단어를 적어보세요.

보기 noise · cover · party · rest · drop · subway

가리다

떨어뜨리다

소음

파티

휴식, 휴식하다

지하철

Day 28  Thing 사물

 그림을 보고 듣고 읽고 쓰면 저절로 외워지는 단어

board
판자

ㅂㅗㄹㅇㄷ
보-드

ball
공

ㅂㅗㄹ
보-ㄹ

hose
호스

ㅎㅗㅜㅈ
호우즈

ink
잉크

ㅣㅇㅋ
잉크

pin
핀

ㅍㅣㄴ
핀

plane
비행기

ㅍㄹㄹㅔㅣㄴ
플레인

sheet
시트, 한 장

쉬ㅣㅌ
쉬-트

ship
배

쉬ㅣㅍ
쉽

shirt
셔츠

쉬ㅣㄹㅇㅌ
셔-트

stick
막대기

ㅅㅌㅣㅋ
스틱

 116

그림을 보고 읽고 소리내며 쓰세요!!

board 판자
ㅂ·ㅗ·ㄹ·ㅇ·ㄷ 보-드

board

ball 공
ㅂ·ㅗ·ㄹ 보-ㄹ

ball

hose 호스
ㅎ·ㅗ·ㅜ·ㅈ 호우즈

hose

ink 잉크
ㅣ·ㅇ·ㅋ 잉크

ink

pin 핀
ㅍ·ㅣ·ㄴ 핀

pin

그림을 보고 읽고 소리내며 쓰세요!!

plane 비행기
ㅍ·ㄹ·ㄹ·ㅔ·ㅣ·ㄴ 플레인

plane

sheet 시트, 한 장
쉬·ㅣ·ㅌ 쉬-트

sheet

ship 배
쉬·ㅣ·ㅍ 쉽

ship

shirt 셔츠
쉬·ㅣ·ㄹㅇ·ㅌ 셔-트

shirt

stick 막대기
ㅅ·ㅌ·ㅣ·ㅋ 스틱

stick

A 그림에 알맞은 영어 단어와 우리말 뜻을 골라 연결하세요.

· shirt ·   · 공

· ball ·   · 셔츠

· plane ·   · 판자

· board ·   · 비행기

B 그림에 알맞은 영어 단어를 적어보세요.

보기   hose · stick · ink · sheet · pin · ship

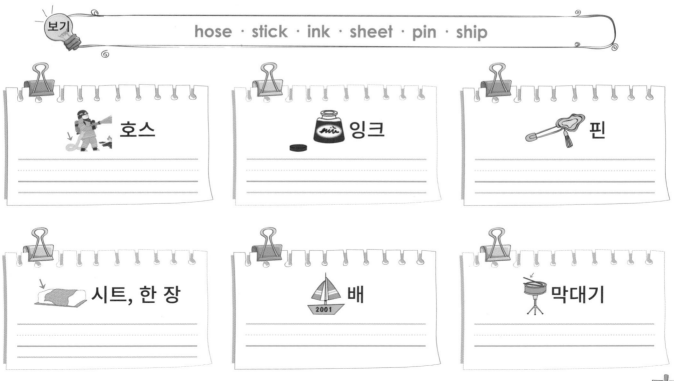

호스

잉크

핀

시트, 한 장

배

막대기

Day 29   Time 시간

 그림을 보고 듣고 읽고 쓰면 저절로 외워지는 단어

age
나이

ㅔ·ㅣ·쥐
에이쥐

ago
~전에

ㅓ·ㄱ·ㅗ·ㅜ
어고우

before
~앞에, ~전에

ㅂ·ㅣ·ㅍ·ㅗ·ㄹㅇ
비포-

early
일찍

ㅓ·ㄹㅇ·ㄹ·ㄹ·ㅣ
어-을리

end
끝

ㅔ·ㄴ·ㄷ
엔드

last
마지막의

ㄹ·ㅐ·ㅅ·ㅌ
래스트

once
언젠가, 한때

ㅜ·ㅣ·ㄴ·ㅅ
원스

present
현재, 참석한

ㅍ·ㄹㅇ·ㅔ·ㅈ·ㄴ·ㅌ
프레즌트

soon
곧

ㅅ·ㅜ·ㄴ
쑤-ㄴ

then
그 다음에, 그때

ㄷㅇ·ㅔ·ㄴ
덴

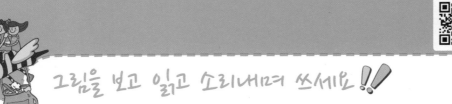

그림을 보고 읽고 소리내며 쓰세요 !!

age 나이
ㅔ·ㅣ·쥐 에이쥐

age

ago ~전에
ㅓ·ㄱ·ㅗ·ㅜ 어고우

ago

before ~앞에, ~전에
ㅂ·ㅣ·ㅍ·ㅗ·ㄹㅇ 비포-

before

early 일찍
ㅏ·ㄹㅇ·ㄹ·ㄹㅣ 어-을리

early

end 끝
ㅔ·ㄴ·ㄷ 엔드

end

그림을 보고 읽고 소리내며 쓰세요 !!

last 마지막의
ㄹ+ㅐ+ㅅ+ㅌ 래스트

last

once 언젠가, 한때
ㅜ+ㅓ+ㄴ+ㅅ 원스

once

present 현재, 참석한
ㅍ+ㄹ+ㅔ+ㅈ+ㄴ+ㅌ 프뤠즌트

present

soon 곧
ㅅ+ㅜ+ㄴ 쑤-ㄴ

soon

then 그 다음에, 그때
ㄷ+ㅔ+ㄴ 덴

then

연습문제

A 그림에 알맞은 영어 단어와 우리말 뜻을 골라 연결하세요.

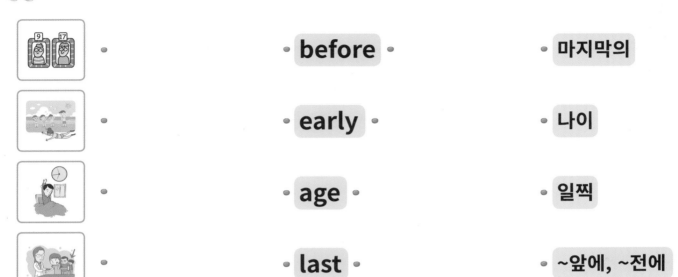

- before ·
- early ·
- age ·
- last ·

- 마지막의
- 나이
- 일찍
- ~앞에, ~전에

B 그림에 알맞은 영어 단어를 적어보세요.

보기   present · end · soon · once · then · ago

~전에

끝

언젠가, 한때

현재, 참석한

곧

그 다음에, 그때

Space 공간

 그림을 보고 듣고 읽고 쓰면 저절로 외워지는 단어

here
여기에

ㅎㅣㄹㅇ
히어

place
장소

ㅍㄹㄹㅔㅣㅅ
플레이스

there
그곳에

ㄷㅇㅔㄹㅇ
데어

where
어디에

ㅜㅔㄹㅇ
웨어

temple
사원

ㅌㅔㅁㅍㄹ
템플

top
꼭대기

ㅌㅏㅍ
타-ㅍ

side
옆, 측면

ㅅㅏㅣㄷ
싸이드

next
~의 옆에

ㄴㅔㅋㅅㅌ
넥스트

down
아래로

ㄷㅏㅜㄴ
다운

fill
채우다

ㅍㅇㅣㄹ
필

그림을 보고 읽고 소리내며 쓰세요!!

here 여기에
ㅎ·ㅣ·ㄹㅇ 히어

here

place 장소
ㅍ·ㄹ·ㄹ·ㅔ·ㅣ·ㅅ 플레이스

place

there 그곳에
ㄷㅇ·ㅔ·ㄹㅇ 데어

there

where 어디에
ㅜ·ㅔ·ㄹㅇ 웨어

where

temple 사원
ㅌ·ㅔ·ㅁ·ㅍ·ㄹ 템플

temple

그림을 보고 읽고 소리내며 쓰세요!!

top 꼭대기
ㅌ+ㅏ+ㅍ 타-ㅍ

top

side 옆, 측면
ㅅ+ㅏ+ㅣ+ㄷ 싸이드

side

next ~의 옆에
ㄴ+ㅔ+ㅋ+ㅅ+ㅌ 넥스트

next

down 아래로
ㄷ+ㅏ+ㅜ+ㄴ 다운

down

fill 채우다
ㅍ+ㅣ+ㄹ 퓔

fill

연습문제

A 그림에 알맞은 영어 단어와 우리말 뜻을 골라 연결하세요.

- down
- temple
- fill
- side

- 사원
- 아래로
- 채우다
- 옆, 측면

B 그림에 알맞은 영어 단어를 적어보세요.

보기   here · there · where · next · place · top

여기에

장소

그곳에

어디에

꼭대기

~의 옆에

정답

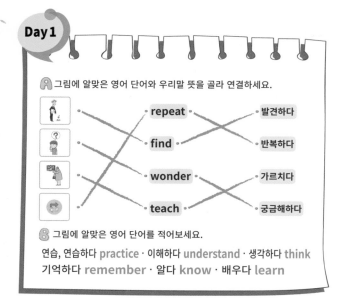

Day 1

ⓐ 그림에 알맞은 영어 단어와 우리말 뜻을 골라 연결하세요.

repeat — 발견하다
find — 반복하다
wonder — 가르치다
teach — 궁금해하다

ⓑ 그림에 알맞은 영어 단어를 적어보세요.

연습, 연습하다 practice · 이해하다 understand · 생각하다 think
기억하다 remember · 알다 know · 배우다 learn

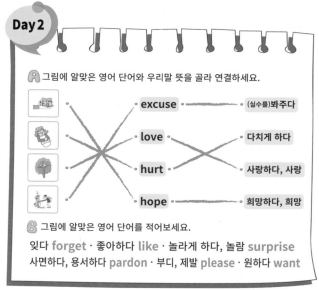

Day 2

ⓐ 그림에 알맞은 영어 단어와 우리말 뜻을 골라 연결하세요.

excuse — (실수를)봐주다
love — 다치게 하다
hurt — 사랑하다, 사랑
hope — 희망하다, 희망

ⓑ 그림에 알맞은 영어 단어를 적어보세요.

잊다 forget · 좋아하다 like · 놀라게 하다, 놀람 surprise
사면하다, 용서하다 pardon · 부디, 제발 please · 원하다 want

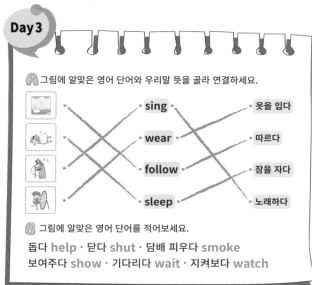

Day 3

ⓐ 그림에 알맞은 영어 단어와 우리말 뜻을 골라 연결하세요.

sing — 옷을 입다
wear — 따르다
follow — 잠을 자다
sleep — 노래하다

ⓑ 그림에 알맞은 영어 단어를 적어보세요.

돕다 help · 닫다 shut · 담배 피우다 smoke
보여주다 show · 기다리다 wait · 지켜보다 watch

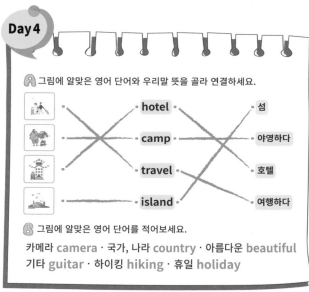

Day 4

ⓐ 그림에 알맞은 영어 단어와 우리말 뜻을 골라 연결하세요.

hotel — 섬
camp — 야영하다
travel — 호텔
island — 여행하다

ⓑ 그림에 알맞은 영어 단어를 적어보세요.

카메라 camera · 국가, 나라 country · 아름다운 beautiful
기타 guitar · 하이킹 hiking · 휴일 holiday

Day 5

ⓐ 그림에 알맞은 영어 단어와 우리말 뜻을 골라 연결하세요.

sign — 계단
stair — 야채
vegetable — 표지, 기호
supermarket — 슈퍼마켓

ⓑ 그림에 알맞은 영어 단어를 적어보세요.

시장 market · 상점 shop · 돈 money
소비하다 spend · 가게 store · 낭비하다 waste

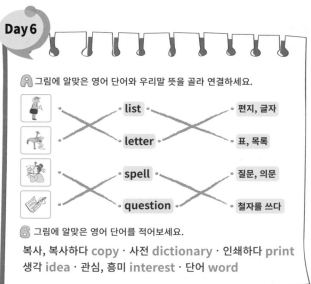

Day 6

ⓐ 그림에 알맞은 영어 단어와 우리말 뜻을 골라 연결하세요.

list — 편지, 글자
letter — 표, 목록
spell — 질문, 의문
question — 철자를 쓰다

ⓑ 그림에 알맞은 영어 단어를 적어보세요.

복사, 복사하다 copy · 사전 dictionary · 인쇄하다 print
생각 idea · 관심, 흥미 interest · 단어 word

Day 7

그림에 알맞은 영어 단어와 우리말 뜻을 골라 연결하세요.

glove · 우산
ribbon · 리본
umbrella · 장갑(의 한쪽)
bag · 가방

그림에 알맞은 영어 단어를 적어보세요.
물건 thing · 케이스, 용기 case · 칼 knife
비누 soap · 상자 box · 모자 cap

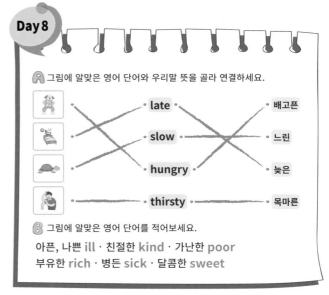

Day 8

그림에 알맞은 영어 단어와 우리말 뜻을 골라 연결하세요.

late · 배고픈
slow · 느린
hungry · 늦은
thirsty · 목마른

그림에 알맞은 영어 단어를 적어보세요.
아픈, 나쁜 ill · 친절한 kind · 가난한 poor
부유한 rich · 병든 sick · 달콤한 sweet

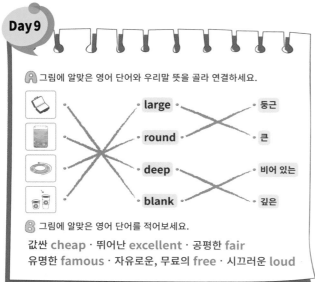

Day 9

그림에 알맞은 영어 단어와 우리말 뜻을 골라 연결하세요.

large · 둥근
round · 큰
deep · 비어 있는
blank · 깊은

그림에 알맞은 영어 단어를 적어보세요.
값싼 cheap · 뛰어난 excellent · 공평한 fair
유명한 famous · 자유로운, 무료의 free · 시끄러운 loud

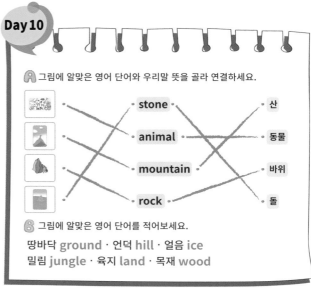

Day 10

그림에 알맞은 영어 단어와 우리말 뜻을 골라 연결하세요.

stone · 산
animal · 동물
mountain · 바위
rock · 돌

그림에 알맞은 영어 단어를 적어보세요.
땅바닥 ground · 언덕 hill · 얼음 ice
밀림 jungle · 육지 land · 목재 wood

Day 11

그림에 알맞은 영어 단어와 우리말 뜻을 골라 연결하세요.

gold · 달러
paper · 가스
dollar · 황금
gas · 종이, 신문

그림에 알맞은 영어 단어를 적어보세요.
기회 chance · 일, 상황 matter · 필요로 하다 need
뉴스 news · 계획 plan · 서비스, 도움 service

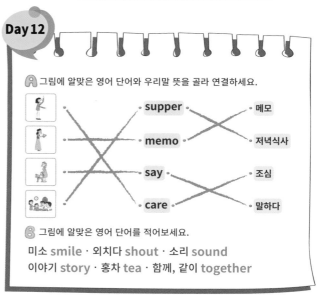

Day 12

그림에 알맞은 영어 단어와 우리말 뜻을 골라 연결하세요.

supper · 메모
memo · 저녁식사
say · 조심
care · 말하다

그림에 알맞은 영어 단어를 적어보세요.
미소 smile · 외치다 shout · 소리 sound
이야기 story · 홍차 tea · 함께, 같이 together

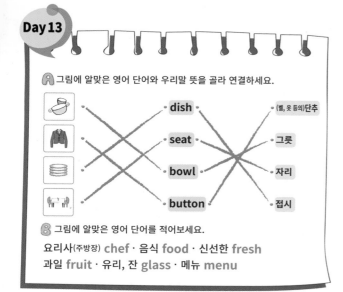

Day 13

A 그림에 알맞은 영어 단어와 우리말 뜻을 골라 연결하세요.

dish · · (벨, 옷 등의)단추
seat · · 그릇
bowl · · 자리
button · · 접시

B 그림에 알맞은 영어 단어를 적어보세요.

요리사(주방장) chef · 음식 food · 신선한 fresh
과일 fruit · 유리, 잔 glass · 메뉴 menu

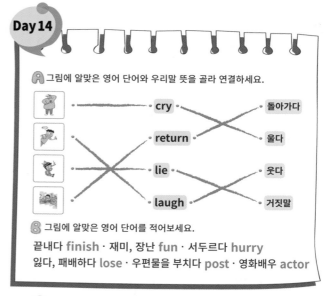

Day 14

A 그림에 알맞은 영어 단어와 우리말 뜻을 골라 연결하세요.

cry · · 돌아가다
return · · 울다
lie · · 웃다
laugh · · 거짓말

B 그림에 알맞은 영어 단어를 적어보세요.

끝내다 finish · 재미, 장난 fun · 서두르다 hurry
잃다, 패배하다 lose · 우편물을 부치다 post · 영화배우 actor

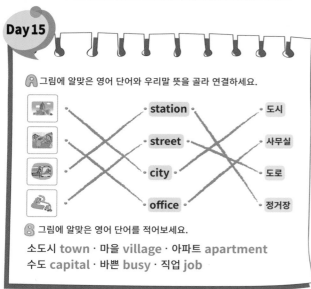

Day 15

A 그림에 알맞은 영어 단어와 우리말 뜻을 골라 연결하세요.

station · · 도시
street · · 사무실
city · · 도로
office · · 정거장

B 그림에 알맞은 영어 단어를 적어보세요.

소도시 town · 마을 village · 아파트 apartment
수도 capital · 바쁜 busy · 직업 job

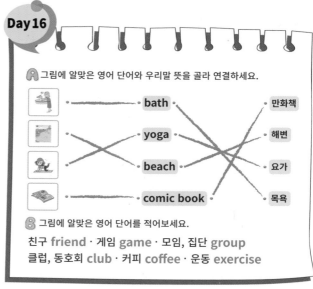

Day 16

A 그림에 알맞은 영어 단어와 우리말 뜻을 골라 연결하세요.

bath · · 만화책
yoga · · 해변
beach · · 요가
comic book · · 목욕

B 그림에 알맞은 영어 단어를 적어보세요.

친구 friend · 게임 game · 모임, 집단 group
클럽, 동호회 club · 커피 coffee · 운동 exercise

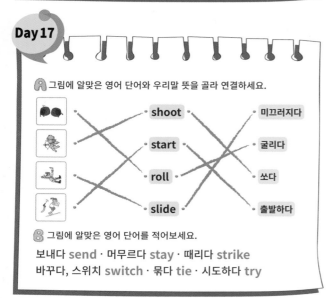

Day 17

A 그림에 알맞은 영어 단어와 우리말 뜻을 골라 연결하세요.

shoot · · 미끄러지다
start · · 굴리다
roll · · 쏘다
slide · · 출발하다

B 그림에 알맞은 영어 단어를 적어보세요.

보내다 send · 머무르다 stay · 때리다 strike
바꾸다, 스위치 switch · 묶다 tie · 시도하다 try

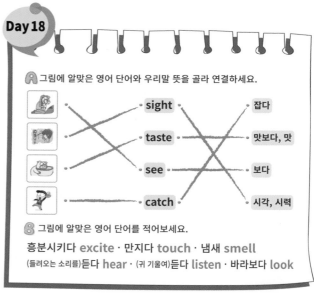

Day 18

A 그림에 알맞은 영어 단어와 우리말 뜻을 골라 연결하세요.

sight · · 잡다
taste · · 맛보다, 맛
see · · 보다
catch · · 시각, 시력

B 그림에 알맞은 영어 단어를 적어보세요.

흥분시키다 excite · 만지다 touch · 냄새 smell
(들려오는 소리를)듣다 hear · (귀 기울여)듣다 listen · 바라보다 look

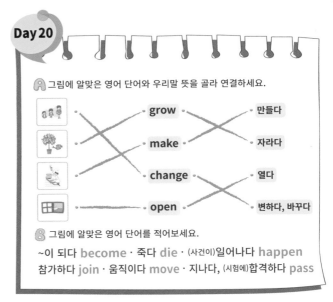

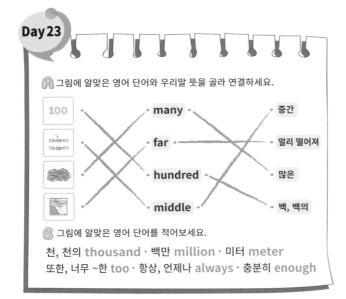

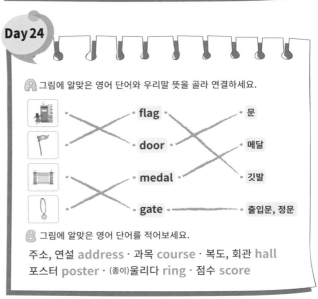

Day 25

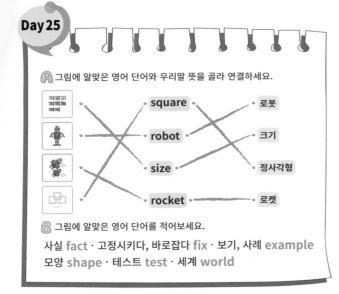

A 그림에 알맞은 영어 단어와 우리말 뜻을 골라 연결하세요.

square · 로봇
robot · 크기
size · 정사각형
rocket · 로켓

B 그림에 알맞은 영어 단어를 적어보세요.

사실 fact · 고정시키다, 바로잡다 fix · 보기, 사례 example
모양 shape · 테스트 test · 세계 world

Day 26

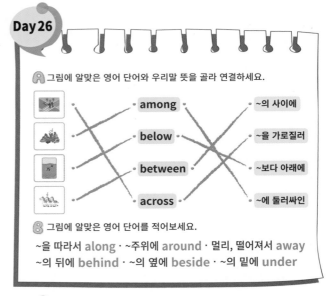

A 그림에 알맞은 영어 단어와 우리말 뜻을 골라 연결하세요.

among · ~의 사이에
below · ~을 가로질러
between · ~보다 아래에
across · ~에 둘러싸인

B 그림에 알맞은 영어 단어를 적어보세요.

~을 따라서 along · ~주위에 around · 멀리, 떨어져서 away
~의 뒤에 behind · ~의 옆에 beside · ~의 밑에 under

Day 27

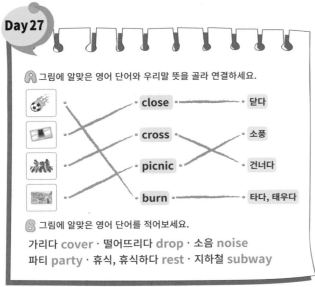

A 그림에 알맞은 영어 단어와 우리말 뜻을 골라 연결하세요.

close · 닫다
cross · 소풍
picnic · 건너다
burn · 타다, 태우다

B 그림에 알맞은 영어 단어를 적어보세요.

가리다 cover · 떨어뜨리다 drop · 소음 noise
파티 party · 휴식, 휴식하다 rest · 지하철 subway

Day 28

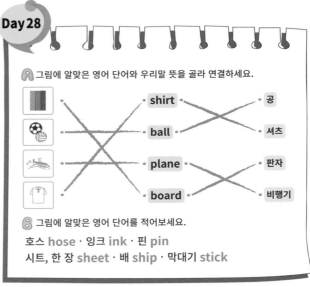

A 그림에 알맞은 영어 단어와 우리말 뜻을 골라 연결하세요.

shirt · 공
ball · 셔츠
plane · 판자
board · 비행기

B 그림에 알맞은 영어 단어를 적어보세요.

호스 hose · 잉크 ink · 핀 pin
시트, 한 장 sheet · 배 ship · 막대기 stick

Day 29

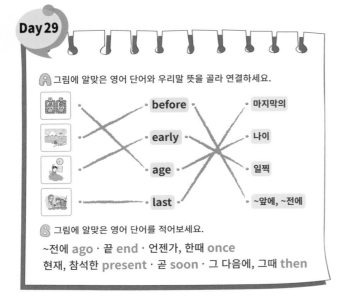

A 그림에 알맞은 영어 단어와 우리말 뜻을 골라 연결하세요.

before · 마지막의
early · 나이
age · 일찍
last · ~앞에, ~전에

B 그림에 알맞은 영어 단어를 적어보세요.

~전에 ago · 끝 end · 언젠가, 한때 once
현재, 참석한 present · 곧 soon · 그 다음에, 그때 then

Day 30

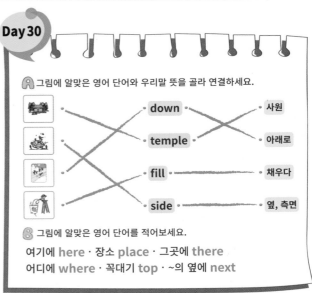

A 그림에 알맞은 영어 단어와 우리말 뜻을 골라 연결하세요.

down · 사원
temple · 아래로
fill · 채우다
side · 옆, 측면

B 그림에 알맞은 영어 단어를 적어보세요.

여기에 here · 장소 place · 그곳에 there
어디에 where · 꼭대기 top · ~의 옆에 next

그림을 보고 듣고 읽고 쓰면 저절로 외워지는

초등 필수

교육부 권장 초등 필수 단어

영단어

5.6
학년

교육부 권장 초등 필수 단어를
충실하게 반영